Für Gabriel

Mögen dich die Tiere immer begleiten

Titel der amerikanischen Originalausgabe

Into The Heart of the Wild

© der deutschsprachigen Ausgabe 2009
Sann GmbH, Schweinheimer Str. 6 B, 63739 Aschaffenburg

Übersetzung und Lektorat: Dr. Sabrina Mašek

Herstellung und Verlag: BoD- Books on Demand, Norderstedt
Titelfoto: Thaut Images - Fotolia.com
Satz: Carsten Sann

Die Deutsche Nationalbibliothek verzeichnet diese Publikation
in der Deutschen Nationalbibliografie; detaillierte bibliografische
Daten sind im Internet über dnb.d-nb.de abrufbar.

www.animalessence.com
info@animalessence.com

Inhalt

Danksagungen

Es ist schwer, Worte zu finden, um meine große Dankbarkeit für die Wesen, Orte und Menschen auszudrücken, die mir die sich ständig vertiefende Arbeit mit dem Königreich der Tiere ermöglicht haben. Die intuitive Arbeit mit den Tieren ist der Gipfel meiner über 40jährigen inneren und äußeren Reise. Ich wurde mit zahlreichen außergewöhnlichen Lehrern und Verbündeten gesegnet.

Meine Dankbarkeit zum Geist, zum Atem, der durch alle Dinge atmet, ist unermesslich und unendlich tief. Worte können nicht ausdrücken, wie dankbar ich bin, dass ich auf dieser Erde leben darf.

Die Wesen der Wildnis haben mich mit wunderbaren Begegnungen und tiefen Lehren gesegnet und ihnen bringe ich meinen tiefsten Respekt und meine Wertschätzung entgegen. Ohne sie und ihre unendliche Unterstützung wäre meine Arbeit nicht möglich. Ich bin für immer dankbar.

Mein Herz ist voller Freude für das heilige Land, auf dem ich glücklicherweise leben, arbeiten und spielen durfte und wo ich meine tiefsten Begegnungen mit der Wildnis hatte. Ich schulde besonderen Dank:

Meiner lieben Frau Mary und meinem Sohn Gabriel, durch deren Seelenverwandtschaft und tiefste Freundschaft ich für immer gesegnet bin. Mit euch ist das Leben eine Freude.

Don Dennis, Geschäftsführer des International Flower Essence Repertoire in England für seine warmherzige, enthusiastische und geduldige Unterstützung meiner Arbeit.

John Anderson, meinem wahren spirituellen Bruder, dessen Freundschaft und Reise mich inspirieren.

Bruce Terell, dessen Freundschaft, kraftvollen intuitiven Geschenke und liebevollen, offenen Ohren mich auf unzählige Arten genährt und unterstützt haben.

Barbara Roberts, die mich vor 15 Jahren in ihrer Beratungsstelle willkommen geheißen hat und mir in den nächsten sechs Jahren half, das Trauma meines Missbrauchs als Kind zu heilen. Ihr schulde ich für immer meinen größten und tiefsten Respekt und meine Dankbarkeit.

Besonderen Dank gilt auch meiner Herausgeberin Caitlin McLeod von Golden Touch Designs.

Ich möchte auch folgenden Menschen danken für ihre unterschiedliche Unterstützung dieses Projekts und meiner Arbeit mit den Tieren:

Eduardo Londner, Connie Barrett von Beyond the Rainbow, Sue kelly, Joa, Susun Oneglia, Pamalah MacNeily, Dianne Battistello, Mark und Sallyann Thomas-Lane und Julia Crangle.

Und zum Schluss möchte ich mich auch bei einigen meiner wichtigsten spirituellen Lehrern bedanken, die für mich wie ein Feuer in der Nacht geleuchtet haben:

Ramana Maharshi, Ram Dass, Ken Wilber, Carl Gustav Jung, Alan Watts, Alice Miller und Joseph Campbell.

**Mögest du, liebe Leserin, lieber Leser,
so mit Liebe, Unterstützung und Führung gesegnet sein, wie ich es war.**

Willkommen!

Dieses Buch ist als Handbuch und Einführung in die Wild Earth Tieressenzen gedacht. Ich hoffe, dass das unterschiedliche Material dir helfen wird, deine eigene Reise mit den Tieren zu vertiefen.

Seit dem Entstehen der menschlichen Kultur war die Beziehung zwischen Menschen und Tieren immer etwas Besonderes. Lange bevor unsere Ahnen sprechen konnten, waren ihre Träume voll von wilden Tieren. Auch als sich Stämme und einfache Gesellschaftsstrukturen formten, blieben die Tiere das Herz der Gemeinschaft und des spirituellen Lebens. Tiere wurden wegen ihrer Kräfte und Gaben verehrt und dafür geachtet, dass sie sich für das Überleben der Menschen opferten.

Erst in den letzten Jahrhunderten ist durch die Industrialisierung, die Bevölkerungszunahme und dadurch entstehenden Städte die natürliche Verbindung zu den wilden Tieren verdorrt. Längst vorbei sind die Tage, als die meisten Menschen in oder mit der Wildnis lebten. Und nur wenige von uns können heutzutage die Tiefe dieser wahren Wildnis erfahren.

Der Verlust der Beziehung zwischen uns und dem Wilden hat tiefe Auswirkungen auf unser eigenes inneres Leben und das Leben des Planeten, mit dem wir untrennbar verbunden sind. Viele Arten stehen am Rande der Ausrottung und werden durch unser Eindringen in ihre Lebensräume immer weiter zurückgedrängt. Die Städte, in denen die meisten von uns leben, sind durch schlechte Luft, verunreinigtes Wasser und Nahrungsmittel, die in fernen Ländern unter Einsatz chemischer Mittel gezüchtet werden, verseucht.

Auch unser inneres Leben leidet. Wir hungern nach der Freude und dem Frieden, die aus dem „Wissen um unseren Platz in der Familie der Dinge" entstehen, wie May Sarton es beschreibt – die Beziehung zur Erde und ihren Bewohnern, die nur durch ein harmonisches Zusammenleben entstehen kann.

Im Jahr 1995 begann ich damit, Essenzen herzustellen, die uns helfen sollten, uns mit wilden Tieren zu verbinden und so die wilden Tiefen in uns selbst zu berühren. Als ich mit dieser Arbeit begann, wurde mir klar, dass es ein Wunsch der Tiere war, ihre Gaben mit den Menschen zu teilen. Sie helfen uns dadurch, unsere verlorene Verbindung mit der Erde und mit unserem innersten Selbst wiederzuentdecken.

Die Tieressenzen sind heilsame Werkzeuge, die uns helfen, tiefe, wilde und wunderbare Orte in uns selbst zu berühren, wodurch vergessene emotionale Wunden in uns heilen können. Die Essenzen können uns auch zutiefst in unserem spirituellen Wachstum und unserer Entwicklung unterstützen. Die Tiere stellen uns ihre grenzenlose wilde und freie Liebe und Weisheit zur Verfügung. Das einzige, worum sie bitten, ist, dass wir unsere Herzen öffnen, um das zu empfangen, was sie uns so großzügig schenken wollen: Die Freude, sich selbst als einen Teil des unsichtbaren Ganzen der Schöpfung zu erkennen.

Ein kurzer Überblick
über die Wild Earth Tieressenzen

Was sind die Wild Earth Tieressenzen?

Die Wild Earth Tieressenzen sind natürliche energetische Mittel, die durch die Weisheit und Kraft wilder Tiere nähren. Tieressenzen sind wie Blüten- oder Edelsteinessenzen „eingeschwungene Mittel". Jede der Tieressenzen enthält einen eingeschwungenen Abdruck und die Energie des Tieres, aber keinerlei Bestandteile des Tieres.

Wie werden sie hergestellt?

Für die Herstellung der Essenzen werden keine Tiere gefangen oder geschädigt. Die Essenzen werden im Rahmen einer zeremoniellen Einstimmung in der Natur hergestellt. Diese Zeremonien finden in der Wildnis der Blue Ridge Mountains in Virginia, USA, statt und beinhalten die Anrufung des Geistes des jeweiligen Tieres, Meditation und eine Einstimmung auf das Tier durch Gebete. (Weitere Informationen dazu auf Seite 22)

Was ist in den Essenzen?

Die Essenzen enthalten neben der Energie der Tiere destilliertes Wasser und Alkohol, der als Stabilisierungsmittel für die eingeschwungene Energie dient. Ohne Alkohol würde sich die Schwingung bald auflösen. (Wenn du sensibel auf Alkohol reagierst, gib die Tropfen in kochendes Wasser und der Alkohol wird rasch verdunsten.)

Wie oft und wie viele Essenzen soll ich einnehmen?

Es gibt viele Möglichkeiten, die Essenzen einzunehmen und du kannst ausprobieren, was sich für dich richtig anfühlt. Wir empfehlen, 5-7 Tropfen 3-4 mal am Tag außerhalb der Mahlzeiten. Die Essenzen können direkt unter die Zunge oder in ein kleines Glas Wasser getropft werden. Du kannst sie auch in eine Wasserflasche geben, aus der du dann während des Tages trinkst. Genauso wirksam sind die Essenzen, wenn du sie in ein warmes Bad gibst.

Am besten nimmst du die Essenzen 2-3 Wochen lang, bevor du entscheidest, ob sie eine gute Wirkung haben. Die Wirksamkeit wird erhöht, wenn du dich mit dem Tier und seinen Eigenschaften auseinandersetzt.

Wenn du möchtest, kannst du auch mehrere Essenzen gleichzeitig nehmen. Üblicherweise bis zu drei, in speziellen Fällen auch mehr. Wenn jemand die Essenzen zum ersten Mal ausprobiert, kann es interessant sein, zuerst nur eine Essenz zu nehmen, um deren Wirkung deutlich zu erkennen.

Man kann die Tieressenzen auch zusammen mit anderen eingeschwungenen Mitteln, wie z.B. Blütenessenzen verwenden, allerdings sollte bei der Einnahme von Tier- und anderen Essenzen ein Abstand von 15 Minuten eingehalten werden. (Mehr Information über die Arbeit mit den Tieressenzen auf Seite 25.)

Das Geschenk der Tiere

Wenn ich Tiere in der Wildnis erlebe, bin ich oft voller Ehrfurcht, wenn ich Zeuge dafür werde, wie rein und anmutig das Leben dieser wilden Wesen ist. Wilde Tiere sind vollkommen und ganz sie selbst, ohne Nachzudenken oder sich zu sorgen. Sie drücken ihr göttliches Strahlen aus in einer Ganzheit, die in ihrer Schönheit und Kraft beeindruckend ist.

Wilde Tiere können ihren spirituellen Lebenssinn von einem Ort der Verwurzelung und Kraft leben und ausdrücken. Sie sind perfekte Vorbilder dafür, was es heißt, in völliger Integrität, Klarheit und Frieden zu leben.

Jeder von uns ist aufgerufen, wie diese wilden Tiere zu leben: Unseren Lebenssinn gut verwurzelt und spirituell entfaltet zu verwirklichen. Es ist meine Hoffnung und mein Gebet, dass die Menschen überall auf der Welt durch diese Tieressenzen mit den Geschenken der weisen Wesen unter uns gesegnet sind: Den heiligen Kreaturen der Wildnis.

Die Wild Earth Tieressenzen dienen als Brücke zwischen dem Tier- und Menschenreich, ein Werkzeug, das es den Geschenken der Tiere erlaubt, uns in unserer spirituellen Entwicklung zu dienen. Da alles im Universum zu einem untrennbaren Ganzen verbunden ist, können wir uns die Geschenke und Kräfte der wilden Tiere durch die Verwendung der Tieressenzen direkt zugänglich machen.

Die Energien der wilden Tiere und die Tieressenzen können uns helfen, uns spirituell zu entwickeln und in die höheren Aspekte unseres Selbst einzutauchen, die von uns ausgedrückt werden wollen. Jedes Tier verkörpert einen einzigartigen Aspekt der Gegenwart des Göttlichen. Durch die Arbeit mit den Essenzen können wir diese spirituelle Weisheit anzapfen. Zum Beispiel drücken Adler die Schwingung von göttlicher Vision und Inspiration aus, Tauben verkörpern eine tiefe Qualität von Frieden und Zentriertheit und Rehe verkörpern die Qualität von geistiger Wachheit und Sanftmut. Wann immer es einen Aspekt von spiritueller Erweiterung gibt, den wir in uns wach rufen wollen, können uns die Tiere helfen. Das ist der Hauptgrund für viele Menschen, sich den Tieressenzen zuzuwenden: die spirituelle Stärke, Kraft und Geschenke anzunehmen, die die Tiere verkörpern und uns anbieten.

Die Tieressenzen können uns auch dabei helfen, verwundete Teile von uns zu entdecken, erkunden und zu heilen, die integriert werden wollen, bevor wir die nächste Stufe unserer spirituellen Entwicklung erklimmen können.

Wenn eine Person erstmals eine Tieressenz nimmt, kann es sein, dass sie zuerst nicht die Verbindung mit den Qualitäten dieses Tieres wahrnimmt, sondern dass es zuerst zu einem „emotionalen Hausputz" kommt. Durch diesen Prozess kommen unerledigte emotionale Konflikte an die Oberfläche, die erst geheilt werden wollen, bevor das ganze Licht und die Kraft des entsprechenden Tieres erlebt werden können. Kolibri ist z.B. eine Essenz, von der Menschen erwarten, dass sie ihnen hilft, sich leicht und fröhlich zu fühlen. Tatsächlich erleben viele Menschen diese Qualitäten, wenn sie Kolibri einige Zeit einnehmen. Bei anderen jedoch bringt Kolibri ungelöste Verletzungen zutage, die erst geklärt werden wollen, bevor die wahre Freude und Leichtigkeit des Kolibri erlebt werden kann. Erst nach dem emotionalen Prozess, diese ungelösten Schmerzen loszulassen (oft durch Tränen) kann die Leichtigkeit von Kolibri im Herzen wahrgenommen werden. Ähnliches passiert auch mit anderen Essenzen.

Um unsere eigene Göttlichkeit ganz annehmen zu können, müssen wir bereit sein, diejenigen Aspekte von uns anzusehen, die uns Schmerz und Leid verursachen. Wie der große Schweizer Psychologe Carl Gustav Jung sagte: „Wir werden nicht dadurch erleuchtet, dass wir uns ein Bild vom Licht vorstellen, sondern dadurch, dass wir uns den Schatten bewusst machen." Solange wir ungelöste Gefühle wie Schmerz, Trauer oder Wut in uns tragen, können wir Gott nicht völlig erkennen. Um unsere persönliche Trauer zu heilen, müssen wir bereit sein, in die Tiefen unserer eigenen Dunkelheit hinabzutauchen und die verbliebenen ungelösten Gefühle ausdrücken, die dort für lange Zeit verschlossen waren. Der Prozess der emotionalen Befreiung und Heilung in Verbindung mit den Tieressenzen ist deshalb so wirksam, weil er uns ermöglicht, ein liebevolles Licht zu jenen dunklen, verdrängten und verstoßenen Aspekten unseres Selbst zu bringen, wodurch wir zu unserer Ganzheit gelangen können.

Die Tieressenzen können uns unglaublich darin unterstützen, unsere eigene Schattenwelt anzusehen und die Wunden zu betrauern, die wir erfahren haben. Die Tiere stehen uns in ihrer Furchtlosigkeit und Kraft bei und schenken uns Mut, Sanftheit und Stärke, um uns durch unseren Schmerz ans Licht zu führen.

Da Tiere keinen entwickelten denkenden Geist haben, spalten sie die Welt nicht in Teile auf, sondern erleben sie als ein nahtloses Ganzes. Sie leben nicht in einer dualen Welt von Gegensätzen und erfahren sich auch nicht als vom Göttlichen getrennt. Tiere leben an einem Ort der göttlichen Einheit und sind darin Vorbilder für uns.

Unsere Aufgabe ist es, ganz zu werden, die Trennungen in uns zu heilen, unseren Geist zu beruhigen und uns an unsere Einheit mit dem Göttlichen zu erinnern. Die Tiere sind uns darin Vorbilder, weil sie die Göttlichkeit verkörpern. Ebenso wie wir – wenn wir uns daran erinnern!

Wenn wir zu unserer eigenen Göttlichkeit erwachen, freunden wir uns mit allen Aspekten unseres Wesens an und verbinden uns mit ihnen: Sanftheit und Stärke, Kraft und Verletzlichkeit, Angst und Freude. Wenn wir die Gegensätze in uns vereinigen, transzendieren wir sie schrittweise und befreien uns aus dem endlosen Rad von Freude und Trauer. Langsam erwachen wir in das unendliche, unsterbliche Ewige in uns selbst, das immer war und immer sein wird.

Dann können wir die Tiefe der Wahrheit auskosten, die in den Worten des großen tibetischen buddhistischen Meisters Kalu Rinpoche liegt:

„Wir leben in der Illusion von der Erscheinung der Dinge. Aber es gibt eine Realität. Die Realität sind wir. Wenn du das verstehst, dann siehst du, dass du nichts bist und wenn du nichts bist, bist du alles. Das ist alles."

Die zwei Initiationen:
Die äußere und die innere Wildnis

Wenn ich in meinem Leben zurückblicke, gab es einen langen und stetigen Weg, der mich darauf vorbereitet hat, durch die Entwicklung der Tieressenzen zu dienen. Zwei grundlegende Perioden der Initiation haben mich für diese Arbeit vorbereitet: Die Jahre, als ich als Naturführer in den Rocky Mountains gearbeitet habe und die Jahre, die ich damit verbrachte, durch die Tiefen meines persönlichen Leides zu reisen und für ein neues Leben geheilt zu werden. Diese beiden Initiationen – in die äußere Wildnis der Natur und in die Tiefen meiner inneren Wildnis haben mich kraftvoll für meinen Dienst als Entwickler der Wilden Erde Tieressenzen vorbereitet.

Die erste Initiation: Die äußere Wildnis

Meine Arbeit als Naturführer führte mich zu einigen der wildesten Plätze Nordamerikas und tief in die Heimat von Grizzlybären, Adlern, wilden Flüssen und der Stille. Meine Zeit in der Wildnis war eine freudvolle Initiation in die Verwandtschaft mit den wilden Wesen. Ich war gesegnet damit, Wochen jenseits ausgetretener Pfade zu verbringen, oft tagelange Märsche von der nächsten Straße entfernt, in einer Umgebung, in der sich die wilden Kreaturen frei bewegen.

Ich hatte das Glück, in dieser Zeit viele heilige Begegnungen mit wilden Tieren wie Fischottern, Elchen, Bären oder Adlern zu erleben, aber eine Begegnung tritt in meiner Erinnerung als das tiefste Erlebnis hervor, das ich je mit einem wilden Tier hatte:

Ich leitete damals eine Rucksacktour für vier jugendliche Burschen im Yellowstone Nationalpark in Wyoming. Nach einem Tag, den wir mit wandern und Fischen verbracht hatten, beschlossen wir, unter den Sternen und dem Licht des fast vollen Mondes zu schlafen.

Wir schlugen unser Lager auf einem Hügel mit dichten Kiefern auf und der beste Platz für unsere Schlafsäcke schien direkt auf dem Pfad zu sein. Wir legten unsere Schlafsäcke in eine Reihe und schauten in den mondhellen Nachthimmel. Kurz nachdem wir uns hingelegt hatten, wendete ich meinen Kopf und blickte den Pfad hinunter. In der Dämmerung sah ich einen großen Schatten, der sich uns näherte. Gedanken an Grizzlys durchzuckten mich. Ich dachte so was wie: „Hier liegen wir nun auf dem Präsentierteller und der Grizzly kommt auf uns zu und weiß noch nichts von uns." Ich wusste, dass es sehr wahrscheinlich wäre, dass er erschrecken würde und vielleicht aggressiv auf unsere Anwesenheit reagieren würde und dass es gut möglich wäre, dass einer von uns schwer verwundet oder sogar getötet würde. Ich war zutiefst erschrocken. Ich sagte den anderen, dass sie still liegen sollen, schloss meine Augen und erwartete das Schlimmste. Das Tier kam immer näher und SPRANG zu meiner großen Überraschung ÜBER uns hinweg, um dann auf der anderen Seite des Hügels durch das Unterholz wieder hinunterzutraben. Wir sprangen auf, schrieen und kreischten unser Erlebnis hinaus, immer noch im Glauben, dass es ein Grizzly gewesen sei. Wir machten Feuer und blieben den Großteil der Nacht wach. Dann schliefen wir ein paar Stunden und waren bei Tagesbeginn wieder auf. Wir konnten über nichts anderes sprechen, als über das Erlebnis der vergangenen Nacht. Wir alle fühlten uns so glücklich und dankbar, in Sicherheit und am Leben zu sein.

Wir entschlossen uns, zurück zu dem erfolgreichen Angelplatz des vergangenen Tages zu gehen und schlugen die Richtung den Hügel hinab ein, die das Tier in der Nacht genommen hatte, nachdem es über uns gesprungen war. Wir waren total überrascht, als wir ein kleines Stück weiter unten einen Büffel neben dem Pfad liegend und schlafend vorfanden. Jetzt begriffen wir: Es war ein Büffel und kein Bär, der in der Nacht über uns gesprungen war!

Seit diesem Tag war der Büffel ein besonderer Verbündeter für mich, ein verwandter Geist, der mich führte und segnete. Auch wenn es mir damals nicht bewusst war, war dieses Erlebnis ein wichtiger Augenblick der Initiation für meine Arbeit mit Tieren. Büffel war eine der ersten Tieressenzen, die ich entwickelte und ist für mich die wichtigste und speziellste geblieben. Der Heilige Büffel hat eine lange und geschichtenträchtige Tradition der Indianer und der Naturgeschichte ganz Nordamerikas und es passt sehr gut, dass dieses heilige Tier mich täglich als Quelle und Herz der dienenden Arbeit mit den Tieressenzen begleitet.

Ich hatte über die Jahre unzählige wunderbare Begegnungen mit wilden Tieren, die sich bis zum heutigen Tag fortsetzen. Meine Zeit in der

Wildnis gibt mir die Möglichkeit, mit den wilden Tieren zu sein und von ihnen zu lernen. Dort öffnet sich mein Herz für die Weisheit der wilden Schöpfung und mein Geist verlangsamt sich zum Rhythmus der Jahreszeiten und des sich wandelnden Himmels. Mein Leben ist reich durch die Kraft dieser Erfahrungen und ich finde nach wie vor Trost, Stärke und Kraft durch die Wildnis und ihre Bewohner.

Die zweite Initiation: Die innere Wildnis und meine Reise in die Dunkelheit

Die zweite Initiation begann vor 15 Jahren, als ich eine Phase unglaublicher Verzweiflung erlebte. Durch eine Folge von sehr herausfordernden und auch seltsamen Ereignissen fand ich mich in einer Zeit tiefsten emotionalen Leids, dessen Ursache sexueller Missbrauch war, den meine Eltern an mir als sehr kleinem Kind verübt hatten. Das war eine schreckliche Erkenntnis für mich und es brauchte Jahre intensiver emotionaler Therapie, um mit dem Trauma, das ich als Junge erlebt hatte, zurande zu kommen. Ich musste mit dem Umstand fertig werden, dass ich mein ganzes Leben lang mit einem schrecklichen Geheimnis gelebt hatte und den Mut aufbringen, meine Wunden anzusehen und zu heilen.

Bevor ich mit der Arbeit an meiner emotionalen Heilung begann, hatte ich extreme Schwierigkeiten mit intimen Beziehungen und war emotional von Marihuana abhängig. Als die schrecklichen Erinnerungen an die Oberfläche traten, brach mein Leben zusammen und ich war gezwungen, die Wunden anzusehen, die ich jahrelang ignoriert hatte. Diese Arbeit nahm mein ganze Aufmerksamkeit und Energie in Anspruch und es gab Zeiten, wo ich nicht wusste, ob ich da lebend wieder herauskommen könne. Hätte es nicht eine kraft- und liebevolle Therapeutin namens Barbara gegeben, hätte ich sicherlich nicht den Weg durch diese schreckliche Dunkelheit gefunden.

Ich erreichte den Tiefpunkt des Prozesses 1987, als ich mit den größten Wunden konfrontiert war und eine Phase intensiver Wut und Trauer durchlebte. Eines Tages saß ich allein auf meinem Bett und schluchzte unkontrollierbar über das, was mir als Kind widerfahren war. Es war ein erlösender Moment, als ich mich mit dem tiefsten Leid in mir verband. Ich rollte mich zusammen und schluchzte wie nie zuvor in meinem Leben.

Plötzlich hörte ich einen lauten Knall am Fenster neben dem Bett. Ich schaute auf, sah etwas fallen und erkannte, dass ein Vogel gegen die Scheibe geflogen war. Ich lief sofort hinaus in die Herbstluft und fand unter dem Fenster den leblosen warmen Körper eines wunderschönen Blauhäher.

Das war ein Augenblick von grundlegender Synchronizität: Gerade, als ich meine tiefsten Wunden berührt und betrauert hatte, hatte sich ein Blauhäher – mein Lieblingsvogel – keinen Meter von mir entfernt geopfert. Überwältigt von einer durch Missbrauch und Leid geraubten Kindheit hielt ich den Blauhäher an mich gedrückt und weinte noch mehr, als ich das Gefühl hatte, dass mein Inneres Kind und dieser Vogel verschmolzen.

Ich nahm den Vogel, wickelte ihn in ein Lieblingskleidungsstück und fuhr hinauf zu einem heiligen Ort in den Bergen. Dort begrub ich ihn. Ich weinte den ganzen Weg hinauf und hinunter und diese Tränen waren reinigend und auf seltsame Art und Weise wunderbar. Es liegt eine unglaubliche Befreiung darin, den ursprünglichen Schmerz zu berühren und loszulassen und ich wusste an jenem Tag, dass mein Leben für immer verändert sei, dass ich von einer höheren Macht geheilt und beschützt würde und dass immer für mich gesorgt sein würde.

Seit jenem Tag war mein Leben eine Reise hin zum Licht, einem Licht, das jetzt so hell strahlt, dass ich keine Worte finde, es zu beschreiben. Während dieser Jahre lernte ich die Kraft kennen, die darin liegt, meine eigenen wilden Tiefen zu umarmen und lernte auch, nicht vor dem davonzulaufen, was mich erschreckt. Ich war gezwungen gewesen, meine tiefsten Ängste mit erhobenen Kopf anzusehen und dabei zu erkennen, dass dadurch die schrecklichste Dunkelheit in das hellste Licht verwandelt werden konnte. Nach vielen Jahren tiefer emotionaler Arbeit hatte ich einen Traum, der für mich ein Symbol dafür war, dass ich die dunkle Nacht meiner Seele erfolgreich durchwandert hatte und meine innersten Wunden geheilt hatte. In diesem Traum sprach ich zu einer Gruppe von Menschen. Ich sagte: „Ich habe die dunkelste Dunkelheit in die hellste Helligkeit verwandelt." Das sagt alles: Uns steht wahrhaftig eine grenzenlose Kraft zur Transformation zur Verfügung, wenn wir bereit sind, unseren persönlichen Schatten anzusehen, um Licht in unser tiefstes Leid zu bringen.

Nach dieser inneren Arbeit kam es zu grundlegenden Veränderungen in meinem äußeren Leben. Ich wurde dazu geführt, 1989 an einer

Universität in Kalifornien spirituelle Psychologie zu studieren. Am ersten Tag dort traf ich eine wunderbare Frau namens Mary, die nun schon seit 10 Jahren meine Frau ist. Es war ein Wunder für mich, eine freundliche und schöne Frau zu treffen, die einen ähnlichen Weg des Leidens und der Heilung wie ich hinter sich hatte. Vom ersten Tag an war unser gemeinsames Leben durch eine Liebe, die uns immer noch erstaunt und zutiefst beglückt, gesegnet. All die Jahre meines Lebens war ich durch die kraftvolle Verbindung zu den wilden Tieren geehrt, die Lehrer für mich waren und sind.

1997 machten Mary und ich uns auf, um nach den Wildpferden auf der Insel Assateague vor der Küste Virginias, USA, zu suchen. Bei unserer ersten Reise nach Assateague wanderten wir durch die Wiesen und Dünen der Insel und fanden kleine Herden von Wildpferden, mit denen wie einige wunderbare Begegnungen hatten. Stuten brachten ihre nur wenige Wochen alten Fohlen zu uns, als wir still dasaßen und meditierten und säugten sie direkt neben uns.

Ich spürte eine besondere Verbindung zu einem jungen Hengst und verbrachte während unseres ersten Aufenthaltes viel Zeit mit ihm. 4 Tage lang wanderten wir umher und setzten uns in die Nähe der Pferde, um ihre Energie aufzunehmen und jeden Tag fand ich den Hengst und beobachtete ihn beim Grasen.

An zwei späteren 4-Tages-Ausflügen besuchten wir die Wildpferde täglich, aber ich konnte den Hengst nirgends entdecken. Ich wunderte mich und fragte mich, wo er wohl geblieben sei. Ich freute mich darauf, ihn wiederzusehen und wusste, dass das auch geschehen würde, wenn es mir bestimmt war.

Im späten Frühjahr 1998 besuchten wir die Insel erneut für einen 4-Tages-Ausflug. Die Absicht dieser Reise war eine zutiefst persönliche: Mary und ich wollten uns Zeit nehmen, bewusst unser erstes Kind zu empfangen. Einige Jahre lang hatten wir geduldig auf den Ruf gewartet, Eltern zu werden und wir hatten beide das Gefühl, dass dieser Zeitpunkt näher rückte. Wir beschlossen, die Reise diesem Prozess zu widmen und uns intuitiv auf diesen nächsten heiligen Schritt in unserem Leben vorzubereiten.

Als wir dort waren, passierte etwas schier unglaubliches. Am letzten Nachmittag besuchten wir den heiligsten Platz der Insel, einen kleinen runden Hain inmitten einer unendlich großen Wiese. Als wir uns den Bäumen näherten, sah ich ein paar Pferde in der Nähe grasen. Eines davon sah aus wie der Hengst, mit dem ich bei unserem ersten Besuch so viel Zeit verbracht hatte. Wir gingen langsam weiter und waren begeistert – eines der drei Pferde war tatsächlich „mein" Hengst! Und dann geschah es, dass, als Mary und ich zutiefst in den Raum eintauchten, unser erstes Kind zu empfangen, der Hengst eine der Stuten bestieg. Was für ein unglaublich kraftvoller Augenblick! Wir nahmen das als ein deutliches Zeichen, eine tiefe Botschaft, direkt und klar: „Es ist Zeit!"

Unnötig zu erwähnen, dass wir die unglaubliche Kraft der Begegnung mit dem wilden Hengst spürten. Wir fuhren heim und wussten, dass die Zeit näher rückte, ein Kind zu empfangen. Im Laufe der folgenden Wochen lauschten wir und stimmten uns ein. Sechs Wochen später empfingen wir bewusst unseren Sohn Gabriel Swift Mapel, der unter wunderbaren Umständen am 8. Mai 1999 geboren wurde.

Die Geburt der Tieressenzen

In den frühen 1990ern eröffnete ich meine Beratungsstelle, um anderen so zu helfen, wie auch mir selbst geholfen worden war und experimentierte mit Blütenessenzen. Mein Interesse an Heilung durch eingeschwungene Mittel wuchs langsam und eines Tages ertappte ich mich bei der Frage: „Was ist mit Essenzen mit den Energien wilder Tiere?" Ich hatte nie von etwas derartigem gehört und fragte mich: „Warum nicht?"

Ich begann mit verschiedenen Essenzen zu experimentieren und erfreute mich an meinem spielerischen, experimentierfreudigen Zugang. Im September 1995 wurde ich in der Nacht der Wiederkehr unseres Hochzeitstages durch eine starke Botschaft förmlich aus dem Bett geworfen. „Konzentriere deine Energie auf die Entwicklung der Tieressenzen und bringe sie in die Welt!" Seit diesem Tag hab ich meine Arbeit demütig darauf ausgerichtet, den Tieren zu dienen und ihre Geschenke zu jenen zu bringen, denen sie nützen würden.

Als die Nachricht kam, mit dieser Arbeit ein Geschäft aufzuziehen, hatte ich das Gefühl, einen „Auftrag" erhalten zu haben und war sowohl begeistert als auch widerstrebend. Ich hatte nicht die geringste Ahnung, wie ich einen Betrieb eröffnen soll, der Schwingungsessenzen herstellt und wie ich dieses Konzept in der realen Welt vermarkten kann. Ich dachte mir: „Wenn es das ist, was ich tun soll, dann werde ich langsam anfangen und kleine Schritte unternehmen und weitergehen, solange sich Türen öffnen. Und aufhören, sobald sich Türen schließen und die Dinge nicht im Fluss sind." Das war vor sechs Jahren und seither haben die Türen nicht aufgehört, sich zu öffnen!

Anfangs entwickelte ich acht Essenzen und begann im Frühjahr 1996, sie zu vermarkten. Es waren Essenzen von Büffel, Schmetterling, Reh, Delphin, Adler, Kolibri, Puma und Wolf. Die Nachfrage war erstaunlich gut und 1997 folgten weitere acht Essenzen. Im Frühjahr 1998 entwickelte ich weitere 16 und im Herbst 2000 kamen noch acht afrikanische und der asiatische Tiger hinzu, wodurch es insgesamt 41 waren.

Von Anfang an bis heute fühle ich mich nicht verhaftet in die Rolle des energetischen Mittelsmannes zwischen den Tieren und Menschen. Ich nehme den mir zugewiesenen Platz ein und versuche, mein Bestes zu geben und aus eine klaren und ausgeglichenen Haltung heraus zu dienen. Ich liebe diese Arbeit sehr und fühle mich gesegnet, auf diese Weise dienen zu können. Gleichzeitig fühle ich mich nicht an die Rolle des Entwicklers der Essenzen und Gründers der Firma gebunden. Wenn ich eine andere „Weisung" bekomme, das aufzugeben und mit etwas anderem fortzufahren, werde ich auch das gerne tun. Ich sage euch das, weil ich glaube, dass diese Balance von Leidenschaft und Nicht-Anhaftung für mich der Schlüssel dazu ist, Essenzen herzustellen, die so klar und wirksam wie nur möglich sind.

Ein hellsichtiger Mann erklärte mir einmal: „Ich spüre bei den Essenzen, dass du völlig außerhalb stehst und der Energie der Tiere erlaubst, klar hervorzutreten." Ich habe das Gefühl, dass es mir durch meine tiefe emotionale Heilung möglich ist, völlig beiseite zu treten, weil ich durch meine Arbeit keine ungestillten emotionalen Bedürfnisse befriedigen muss. Ich weiß, wer ich bin und ich weiß, dass meine Arbeit einfach ein freudiger und wunderbarer Ausdruck von dem ist, der ich bin. Und wenn diese Arbeit morgen enden würde, hätte das keinen Einfluss darauf, was ich in Bezug auf mich oder mein wesentliches Leben fühlen würde. Durch diese Klarheit glaube ich, den Tieren als klarer, demütiger Kanal dienen zu können und es ihnen zu ermöglichen, ihre Geschenke mit einem Minimum an Einfluss meinerseits weitergeben zu können.

Die Herstellung diese Essenzen ist eine Ehre, eine Freude und ein Geschenk, für das ich ewig dankbar sein werde. Und es ist ein Wunder und eine Freude, dass etwas, das für mich so viel Leben und Aufgabe beinhaltet, auch anderen zugute kommt. Was für eine erstaunliche Sache die Welt doch ist!

Wie die Tieressenzen hergestellt werden

Die Tieressenzen werden im Rahmen einer Zeremonie in der Wildnis der Blue Ridge Mountains in Virginia, USA, hergestellt. Das ist schon lange ein Kraftplatz für mich. Als ich den Ruf vernahm, wusste ich sofort, dass ich dort die grundlegende Arbeit für die Herstellung der Essenzen tun würde.

Meine tiefe Verbindung mit den wilden Tieren, der Erde und den Indianern hat dazu beigetragen, ein sehr persönliches Ritual zu entwickeln, das ich dazu verwende, die Tieressenzen zu schaffen.

Stan Grof, einer der Pioniere der Bewegung der Transpersonalen Psychologie in den letzten 40 Jahren sagte etwas sehr Weises, das dazu passt:

„In einer bisher ungeklärten Weise enthält jedes menschliche Wesen die Informationen über das gesamte Universum und jegliche Existent und hat die Fähigkeit, zu allen Teilen einen Zugang zu finden. In einem bestimmten Sinn ist jeder Mensch auch das gesamte kosmische Netzwerk, genauso wie er oder sie auch ein winzigkleiner Teil davon ist, eine getrennte und unbedeutende biologische Einheit."

Dr. Stan Grof, „Moderne Bewusstseinsforschung und menschliches Überleben" in Revision, Vol. 8, No. 1, Sommer-Herbst 1985.

Es ist diese angeborene Fähigkeit, die jeder von uns hat, sich mit allen Aspekten der Schöpfung zu verbinden, die mir diese Arbeit erlaubt, zusammen mit meinen persönlichen Erfahrungen mit den Tieren und meinem eigenen Heilungsprozess.

Die wichtigste Zutat, die nötig war, um die Essenzen zu entwickeln, ist die Kraft der Absicht. Der grundlegende erste Schritt für die Herstellung einer Essenz ist die klare und tiefe Absicht, mich mit einem bestimmten Tier zu verbinden.

Das Ritual selbst ist einfach. Ein Beobachter der Lichtung im Wald, in der ich arbeite, würde nichts besonderes zu sehen bekommen. Das liegt daran, dass die Verbindung mit dem Geist des Tieres auf eine sehr stille, meditative und innerliche Art geschieht. Zuerst fülle ich eine kleine Schüssel mit Wasser aus dem nahegelegenen Fluss und stelle sie ins Zentrum der Lichtung. Ich stelle mich dann an den Rand der Lichtung und beginne das Ritual damit, in einem großen Kreis (etwa 100m im Durchmesser) um die Lichtung zu schreiten. Ich meditiere, während ich mich in immer kleiner werdenden Kreisen dem Zentrum mit der Schale annähere, was ca. 15 Minuten braucht. Während der Meditation verbinde ich mich mit und bete zu dem Tier, das ich anrufe und sage ihm, dass ich hier bin, um auf diese Art zu dienen, wenn es seine Gaben mit den Menschen teilen möchte. Wenn ich im Zentrum angekommen bin, habe ich eine Stelle in mir eröffnet, an der das Tier und ich eins sind. Zu dieser Zeit erlebe ich, wie sich die Energie des Tieres in der Wasserschale im Zentrum des Kreises sammelt.

Während der Gehmeditation halte ich evt. eine kleine Feder oder ein Haar in der Hand, um auch körperlich einen tieferen Kontakt zu der Energie dieses Tieres zu bekommen. Dieser Gegenstand kommt jedoch nicht in die Schüssel, sondern dient nur für meine Einstimmung. (Er wurde gesammelt, ohne einem Tier zu schaden.)

Wenn ich fühle, dass alles vollständig ist, schreite ich in größer werdenden Kreisen in die Richtung zurück, aus der ich gekommen bin, bis ich wieder am Ausgangspunkt stehe. Auf dem Weg nach draußen bemerke ich, wie langsam wieder mein Alltagsbewusstsein zu mir zurückkehrt und ich bin zutiefst dankbar für die Schönheit der Erfahrung, an der ich teilhaben durfte.

Als ich begann, diese Essenzen zu entwickeln, war ich erstaunt zu beobachten, dass sie wirklich wirken und ein Teil von mir ist immer noch voller Ehrfurcht darüber, dass Mittel, die ich in dieser Art herstelle, eine echte Wirkung zeigen. Noch immer bekomme ich Rückmeldungen aus allen Teilen der Welt, die mir bestätigen, dass die Essenzen für viele Menschen auf ihrer spirituellen und emotionalen Reise wertvoll sind und ich bin dankbar, ein Teil davon sein zu dürfen.

Möglichkeiten für die Arbeit mit den Essenzen

Die Tieressenzen können auf dieselbe Weise verwendet werden wie Blütenessenzen, Steinelixiere oder andere eingeschwungene Mittel. Tieressenzen können auch in Kombination miteinander oder mit anderen Essenzen genommen werden, wobei aber zwischen der Einnahme von Tieressenzen und anderen Essenzen ein Abstand von 15 Minuten liegen soll.

Um beste Ergebnisse zu erzielen nimm 3–4x täglich 5–7 Tropfen über 2–3 Wochen, bevor du entscheidest, ob du eine positive Wirkung spüren kannst. Viele Menschen genießen es, die Tieressenzen im Rahmen eines warmen Bades zu verwenden: Gib dafür 5–7 Tropfen in das Badewasser und rühre es kräftig um.

Es gibt verschiedene Möglichkeiten, wie du feststellen kannst, welche Essenz du nehmen sollst. Jede davon hat ihre Vorzüge – probier einfach aus, welche für dich am besten passt!

1. Prüfe deine gegenwärtige Situation und wähle dann die Tieressenz, von der du glaubst, dass sie dir jetzt die größte Unterstützung geben kann. Dabei können dir die Beschreibungen, Empfehlungen und Fallbeispiele helfen. Dies ist der gebräuchlichste Weg, durch den Menschen etwas über die verschiedenen Tieressenzen und ihre Geschenke lernen.

2. Wähle Tiere, zu denen du dich intuitiv hingezogen fühlst. Es kann sein, dass du mit bestimmten Tieren eine emotionale oder spirituelle Verbindung spürst. Deine Intuition kann dich dazu bringen, Unterstützung von Tieren zu suchen, die Eigenschaften besitzen, die du schätzt oder benötigst.

3. Wähle Tiere, die du nicht magst oder von denen du dich abgestoßen fühlst. Es ist oft so, dass gerade diese Tiere eine besondere Kraft besitzen und dich auf Bereiche hinweisen, die in deine Seele oder Persönlichkeit integriert werden wollen. Die Arbeit mit diesem Essenzen kann uns helfen, Ängste oder andere Aspekte unserer Persönlichkeit anzusehen, die der Heilung und Integration bedürfen.

4. Wähle Tiere, deren Qualitäten bestimmte Aktivitäten oder Rituale unterstützen. Das ist eine aufregende Anwendungsmöglichkeit für die Essenzen: Probier Schwan beim Liebemachen, Wolf beim Trommeln oder anderen verbindenden gesellschaftlichen Ereignissen, Taube für Hochzeiten, Begräbnisse und Meditationen. Die Liste lässt sich beliebig fortsetzen und du kannst deine eigene Intuition verwenden, um herauszufinden, welche Essenz am besten für die Gruppe und das Ritual geeignet sein könnte. Vertraue einfach auf deine eigene intuitive Führung.

Tiere sind multidimensionale Wesen und daher sind die Anwendungsmöglichkeiten breit gefächert und können von Person zu Person variieren. Deine innere Führung kann dir als unentbehrliches Werkzeug in deinem Prozess, die Tieressenzen kennen zu lernen, dienen. Erlaube dir, zu experimentieren, finde heraus, was für dich stimmig ist und dann erlaube deiner inneren Führung, dich auf dem nächsten Schritt der Entdeckungsreise zu begleiten. Das wichtigste dabei: Genieße das Abenteuer und hab Freude daran!

Manchmal kann es vorkommen, dass eine Tieressenz die entgegengesetzte Wirkung von dem, was du erwartet hast, auslöst. Wenn Gefühle von Traurigkeit, Wut oder Depression auftauchen, ist das meist ein Zeichen dafür, dass die Essenz als Katalysator dient und ungelöste Konflikte an die Oberfläche holt, die jetzt angeschaut, bearbeitet und integriert werden wollen: Eine Frau nahm Kolibri, um sich leicht und fröhlich zu fühlen. Stattdessen wurde sie sehr traurig und deprimiert. Kolibri half ihr, die Gefühle wahrzunehmen, die sie seit der Trennung von ihrem Mann still und unbewusst mit sich herumgetragen hatte. Sie musste diesen Konflikt ansehen und heilen, bevor sie ganz in die Freude und Leichtigkeit des Kolibris eintauchen konnte. Kolibri half ihr, durch ihren Schmerz und ihre Wut zu gehen und als sie diesen Prozess abgeschlossen hatte, konnte sie in das Gefühl von Freude und Glück eintauchen.

Wenn durch die Einnahme der Essenzen intensive Gefühle hochkommen, liegt es selbstverständlich im eigenen Ermessen jeder Person zu entscheiden, ob jetzt der richtige Zeitpunkt gekommen ist, um sich mit alten Konflikten zu konfrontieren. Wenn man sich dafür entscheidet, kann eine fortgesetzte Einnahme der Essenz eine große Unterstützung im Prozess der Aufarbeitung und Heilung darstellen.

Kurz- und Langzeitwirkungen

Die Tieressenzen können auf mannigfaltige Weise wirken, sowohl über kurze als auch längere Zeit. Ein kleiner Prozentsatz der Menschen kann die Wirkung sofort oder nach kurzer Zeit wahrnehmen, während sich die Wirkung für den Großteil der Anwender erst über einen längeren Zeitraum hinweg entfaltet. Für die meisten Menschen ist es gut, die Essenzen 2 – 3 Wochen lang einzunehmen und dann zu beobachten, ob eine günstige Wirkung eingetreten ist.

Sei nicht überrascht, wenn du oder jemand, den du kennst, die Wirkung einer Essenz rasch und dramatisch erfährt! Eine der interessantesten Erfahrungen einer schnellen Wirksamkeit kam von einer 29-jährigen Frau aus North Carolina, die als Improvisationsschauspielerin arbeitet. Über ihre erfreuliche Erfahrung mit Büffel schrieb sie:

„Ich bemerkte die Wirkung der Büffel-Essenz am ersten Tag! Ich hatte an jenem Abend einen Auftritt und normalerweise bin ich am Tag davor gehetzt und nervös. Doch an dem Tag, an dem ich die Büffel-Essenz genommen hatte, bewegte ich mich in dieser netten, entspannten, langsamen Art durch den ganzen Tag. Vor jedem Auftritt trifft sich die Gruppe, mit der ich auftrete, hinter der Bühne und jeder erzählt kurz, wie es ihm geht. Ich sagte ihnen, dass ich mich den ganzen Tag wie eine Kuh gefühlt hatte, mit dieser wirklich langsamen, ruhigen, grasenden Energie. Aus irgendeinem Grund hatte mein Verstand Büffel in Kuh übersetzt, vielleicht deshalb, weil mir Kühe vertrauter sind. Als Teil unseres Auftritts führen wir ein improvisiertes Musical auf, dessen Thema wir aus dem Publikum bekommen. In dieser Nacht rief jemand den Vorschlag: „Die verlorene Liebe einer Kuh!" auf die Bühne und ich spielte während des ganzen Musicals diese Kuh."

Ein anderes Beispiel für eine rasche Wirkung berichtete uns Douglas Buchanan aus Illinois über die Erfahrung einer Kollegin mit Kolibri:

„Ich kenne eine Frau, die Schreibseminare für Jugendliche leitet. Sie hielt einen dreiwöchigen Sommermarathon in einem fensterlosen Theater ohne Klimaanlage. Das Wetter war die meiste Zeit über sehr heiß. Um die Belastung durch die Hitze ein wenig zu senken, sprühte sie Kolibri-Essenz in einen Ventilator und verließ den Raum. Als sie kurze Zeit später wieder zurückkam, fand sie die Mädchen scheinbar ohne Grund kichernd am Boden liegend vor. Sie hatten vermutet, dass sie irgendetwas getan hatte, um ihren Geist zu beflügeln, konnten aber nicht herausfinden, was es war."

Auch wenn solche Erlebnisse ein wenig ungewöhnlich sind, sind sie doch nicht selten und viele Menschen können dramatische Veränderungen und Synchronizitäten erwarten, wenn sie beginnen, die Tieressenzen einzunehmen.

Bei den meisten Menschen dauert der Prozess etwas länger. Die meisten Fallbeispiele berichten von Erfahrungen nach einer Einnahme von 2–3 Wochen.

Beschreibungen, Empfehlungen und Anwendungsbeispiele für die einzelnen Tieressenzen

Anmerkung zu den Beschreibungen und Empfehlungen der Tieressenzen

Die folgenden Beschreibungen und Empfehlungen basieren auf den üblichen Anwendungen der Tieressenzen. Da Tiere multidimensionale Wesen sind, sind die Anwendungsmöglichkeiten weit größer als in den Empfehlungen beschrieben: Diese Beschreibungen sind als Anfangspunkt deiner Entdeckungsreise mit den Tieressenzen gedacht.

Zusätzlich soll erwähnt werden, dass durch die vielschichtige Wechselwirkung zwischen tierischer und menschlicher Energie deine eigene Intuition den besten Hinweis dafür liefert, welche Tieressenz(en) du verwenden sollst. Sie ist das beste Werkzeug für die Diagnose deiner Situation und die Auswahl der passenden Essenzen. Zusätzlich zu diesen Beschreibungen, Empfehlungen und Fallbeispielen kannst du deine intuitive Führung einsetzen, um Essenzen für dich oder andere auszuwählen.

Die hier angeführten Personen haben die Essenzen über einen Zeitraum von 2–3 Wochen eingenommen, wenn nichts anderes erwähnt ist.

Die ursprünglichen 32 nordamerikanischen Tieressenzen:

Adler (Eagle)
Bär (Bear)
Biber (Beaver)
Büffel (Buffalo)
Delphin (Dolphin)
Eichhörnchen (Squirrel)
Eule (Owl)
Fischotter (Otter)
Frosch (Frog)
Fuchs (Fox)
Hase (Rabbit)
Kanadagans (Canadian Goose)
Kolibri (Hummingbird)
Krähe (Crow)
Lachs (Salmon)
Libelle (Dragonfly)
Pfau (Peacock)
Puma (Mountain Lion)
Reh (Deer)
Rotkehlchen (Robin)
Salamander
Schildkröte (Turtle)
Schlange (Snake)
Schmetterling (Butterfly)
Schwan (Swan)
Seehund (Seal)
Spinne (Spider)
Taube (Dove)
Wal (Whale)
Waschbär (Racoon)
Wildpferd (Wild Horse)
Wolf

Adler (Eagle)

Der Adler hilft uns, uns über weltliche Belange zu erheben und einen Überblick und Klarheit zu gewinnen. Durch ihn können wir die tiefste Wahrheit im Herzen einer Situation erfahren. Er verstärkt die Fähigkeit zu spirituellen und kreativen Visionen. Erleichtert die Öffnung für das Göttliche, um kreative Inspirationen zu gewinnen. Ermöglicht die Verbindung mit dem Großen Geist, dem Höheren Selbst und der göttlichen Führung.

Empfohlen für Menschen, die

🐾 nach spiritueller Führung suchen oder ihre Spiritualität vertiefen wollen

🐾 sich getrennt fühlen von der spirituellen Welt

🐾 nicht fähig sind, zu erkennen oder zu verstehen, dass das Leben eine spirituelle Erfahrung ist

🐾 ihre Situation aus einem anderen Blickwinkel betrachten wollen, um eine Lösung zu finden

🐾 emotionale oder körperliche Schmerzen erleiden

🐾 sich neue Ziele setzen wollen

🐾 sich auf Visionssuchen oder andere spirituelle Reisen begeben

Eine 37-jährige Frau befand sich im Heilungsprozess – sie war als Kind missbraucht worden. Sie war beruflich unzufrieden, fand aber keine Energie für Zukunftspläne, da ihr Hauptaugenmerk auf ihrer seelischen Heilung lag. Nachdem sie einige Wochen lang die Adler-Essenz eingenommen hatte, war sie begeistert, verschiedenen Möglichkeiten zu sehen, wie sie ihre Zukunft gestalten könnte.

Ein 35-jähriger Mann veränderte sich beruflich und schlug eine völlig neue Richtung ein. Während der Zeit der Entwicklung und Planung seines neuen Berufes nahm er die Adler-Essenz, um Inspiration und Führung zu erhalten. Über Monate hinweg war er erstaunt über die Fülle an kreativen Erkenntnissen, die er erlangte. Dieser kreative Prozess erlaubte ihm, sein neues Geschäft erfolgreich zu entwerfen und am Markt zu platzieren.

Bär (Bear)

Für eine tiefe Verbindung mit der Kraft und dem Rhythmus der Erde. Unterstützt bei der Entwicklung von Ideen, Plänen und Träumen und hilft, sie fruchtbar umzusetzen. Hilft, in die Kraft des Unbewussten einzutauchen. Unterstützt darin, in den eigenen Zyklus von Winterschlaf und Wiederauftauchen zu kommen. Zur Entwicklung von Stärke, Erdung und Kraft.

Empfohlen für Menschen, die

🐾 lernen möchten, nach innen zu schauen

🐾 eine vertiefte Erfahrung von Meditation, Träumen oder Intuition entwickeln möchten

🐾 das Gefühl haben, nicht im Einklang mit ihrem inneren Rhythmus oder den natürlichen Zyklen der Erde zu sein

🐾 ein Projekt planen

🐾 sehr extrovertiert sind und sich ihr Innenleben bewusster machen möchten

🐾 ein Gleichgewicht finden möchten zwischen hektischem Leben und Perioden von Stille und Ruhe

Eine 28-jährige, ehrgeizige Schriftstellerin hatte Probleme mit ihrer Arbeit – ihre Texte erschienen ihr steif und gestelzt. Durch die Einnahme der Bären-Essenz fand sie einen Zugang zu ihrem intuitiven und kreativen Selbst. Ihre Texte wurden flüssiger und sie fand ihren authentischen Ausdruck als Autorin.

Ein 40-jähriger privat und beruflich sehr aktiver Mann wollte etwas ruhiger werden. Es war Winter und da er wusste, dass Bären einen Winterschlaf halten, versuchte er diese Essenz. Tatsächlich verspürte er nach der Einnahme das Bedürfnis, zuhause zu bleiben, langsamer zu werden, sich auszuruhen und sich Zeit für sich zu nehmen. Das war sehr ungewohnt für ihn und er genoss es zutiefst.

Biber (Beaver)

Als Architekt und Baumeister bietet der Biber Unterstützung darin, das eigene Leben zu formen. Er erleichtert klares Denken, Planung, Entwicklung und Problemlösung. Besonders hilfreich zu Beginn neuer Projekte und Anstrengungen. Unterstützt das Akzeptieren von Struktur als einen notwendigen Teil des kreativen Prozesses.

Empfohlen für Menschen, die

* neue Projekte planen und durchführen. Hilft, Herausforderungen, die dabei auftreten, anzunehmen.

* Schwierigkeiten damit haben, Ideen in die Tat umzusetzen.

* ihr Leben neu umgestalten wollen.

* unmotiviert, träge oder unentschlossen sind.

* fleißiger und effizienter werden wollen.

* in Gemeinschaftsprojekte eingebunden sind.

Eine 38-jährige Frau wollte sich selbständig machen und eine monatliche Lokalzeitung herausgeben. Sie machte sich Sorgen, ob sie konzentriert arbeiten könne, da sie sich leicht ablenken ließ. Nach der Einnahme der Biber-Essenz arbeitete sie konsequent auf ihr Ziel hin und war damit erfolgreich.

Eine Gruppe von 12 Personen traf sich am Wochenende, um ein Haus für ein Mitglied ihrer Gemeinschaft zu bauen. Mehrere Personen entschieden sich, als Unterstützung für ihren Arbeitstag Biber-Essenz zu nehmen. Die Menschen freuten sich über die gute Zusammenarbeit und darüber, dass sie ihr Ziel wesentlich schneller erreicht hatten, als sie es erwartet hatten.

Büffel (Buffalo)

Um langsamer zu werden, sich zu verwurzeln und mit den Schwingungen und Rhythmen der Erde in Kontakt zu kommen. Nährt das Gefühl von Heiligkeit und das Wissen, dass wir alle Teile eines heiligen Netzwerks sind. Als Lehrer der Stille ermutigt uns der Büffel zu Erfahrungen tiefer innerer Stille, Ruhe und Kontemplation. Verstärkt Gefühle der Dankbarkeit für das Geschenk allen Lebens.

Empfohlen für Menschen, die

🐾 eine bessere Verwurzelung benötigen oder auch in Zeiten der Herausforderung gut geerdet bleiben möchten.

🐾 langsamer werden und im gegenwärtigen Augenblick ankommen wollen.

🐾 unter Stress stehen.

🐾 ein Gefühl von Wertschätzung oder Dankbarkeit entwickeln wollen.

🐾 ihren unruhigen Geist besänftigen wollen.

🐾 beruflich mit Menschen in Not arbeiten.

🐾 die Erfahrung des Heiligen vertiefen möchten.

Eine 44-jährige spirituelle Heilerin, die mit vielen Menschen mit emotionalen und spirituellen Problemen arbeitet, fühlte sich nach der Arbeit oft mental und spirituell erschöpft. Die Einnahme der Büffel-Essenz vor und während der Arbeit mit Klienten ermöglichte ihr, präsent und fokussiert wie nie zuvor zu arbeiten. Ihre Müdigkeit verschwand.

Eine 63-jährige Frau nahm seit vier Jahren Medikamente gegen hohen Blutdruck, der durch extreme Angstzustände ausgelöst wurde. Nachdem sie einigen Wochen lang Büffel-Essenz verwendet hatte, fiel der Blutdruck drastisch ab. Ihre Arzt war sehr erstaunt. Die Büffel-Essenz hatte ihr geholfen, in den gegenwärtigen Augenblick zu kommen, sich zu erden, besser zu zentrieren und dadurch einen Großteil ihrer Angst abzulegen.

Delphin (Dolphin)

Der Delphin ist der große Lehrer für die Macht des Spielens und der bedingungslosen Liebe. Er verstärkt das Gefühl von Freude, Lachen und Fröhlichkeit, aber auch das Mitgefühl für den eigenen Schmerz und den der anderen. Er vertieft die Kraft der Heilung von Atem, Wasser, Liebe, Freude und Meditation. Verstärkt die Erinnerung an Träume, die psychische Entwicklung und telepathische Kommunikation zwischen Menschen und Tieren.

Empfohlen für Menschen, die

🐾 ihr Mitgefühl für sich und andere vertiefen wollen.

🐾 ihre Kommunikationsfähigkeiten auf allen Ebenen verbessern wollen.

🐾 mehr Freude und Verspieltheit in ihr Leben bringen wollen.

🐾 ihr gefühlsmäßiges Bewusstsein vertiefen wollen.

🐾 sich besser an ihre Träume erinnern und sich seelisch entwickeln wollen.

🐾 ihre Kommunikationsfähigkeit mit anderen Menschen oder Tieren verbessern wollen.

Eine 28-jährige Frau plante eine Reise nach Hawaii, um dort mit den Delphinen zu schwimmen. Sie nahm die Delphin-Essenz und bemerkte, dass sie sich wesentlich besser an ihre Träume erinnern konnte. Auch während ihres Aufenthaltes nahm sie die Essenz und spürte eine starke telepathische und gefühlsmäßige Verbindung zu den Delphinen, mit denen sie schwamm. Es war ein Höhepunkt ihres Lebens. Sie nahm auch weiterhin die Delphin-Essenz ein, um mit der Kraft dieser Erlebnisse verbunden zu bleiben und die Beziehung zu den Delphinen zu vertiefen.

Eine 44-jährige alleinstehende Frau in Therapie hatte viele schwierige Situationen in ihrem Leben erlebt und empfand tiefe Trauer. Durch die Delphin-Essenz wurde sie fröhlicher und gewann an Selbstvertrauen. Sie entwickelte mehr Liebe und Mitgefühl für sich selbst und ihr Leiden. Sie erkannte auch, dass sie selbst ihre Wünsche und Bedürfnisse erfüllen könne.

Eichhörnchen (Squirrel)

Hilft uns, eine dynamische Verbindung von Arbeit und Spiel zu finden. Erhöht die Aufmerksamkeit für das inspirierte Innere Kind und erlaubt so geschäftigen Menschen, ihre Arbeit als Spiel zu erleben. Verwandelt jede Herausforderung in ein vergnügtes Spiel. Verstärkt unsere Fähigkeit, Ressourcen zu sammeln und aufzubewahren. Hilft uns, für die Zukunft zu planen und zu sparen.

Empfohlen für Menschen, die

🐾 die Bereiche von Arbeit und Spiel in ihrem Leben verbinden wollen.

🐾 arbeitssüchtig sind.

🐾 Geldprobleme haben.

🐾 mehr Spiel in ihrem Leben haben möchten.

🐾 lernen wollen, Geld oder Ressourcen zu sparen.

🐾 sehr beschäftigt sind und die Freude an ihren Aktivitäten verloren haben.

Eine 24-jährige alleinstehende Frau hatte finanzielle Probleme. Sie gab jeden Cent, den sie verdiente, wieder aus, ohne nachzudenken oder zu planen. Durch die Eichhörnchen-Essenz veränderte sich ihre Einstellung zum Geld und sie konnte ihre finanzielle Situation ernst nehmen. Sie entwickelte einen monatlichen Finanzplan, zügelte ihre Ausgaben und konnte erstmals in ihrem Leben Geld ansparen.

Ein 38-jähriger Mann, ein zukünftiger Vater, war selbständiger Geschäftsmann, der seine Ware zuhause herstellte. Um nach der Geburt Zeit für das Kind zu haben, wollte er eine größere Menge an Produkten herstellen und lagern. Leider fühlte er sich überfordert durch die dafür nötigen Vorbereitungen. Durch die Eichhörnchen-Essenz sah er klarer und konnte mit Begeisterung eine große Menge an Waren herstellen.

Eule (Owl)

Eule hilft uns, Zugang zu unserer höchsten Weisheit zu finden und danach zu handeln. Um auch in dunklen Zeiten klar zu sehen. Hilft uns, Dinge die unsere Aufmerksamkeit benötigen, direkt anzugehen. Verstärkt die Intuition und die Fähigkeit, Dinge zu „sehen", die man normalerweise nicht sieht. Ermutigt zur Klarheit des Geistes, um das Herz und die Wahrheit einer Situation zu erkennen und mit Mitgefühl aus der höchsten Warte des Selbst zu sprechen.

Empfohlen für Menschen, die

- 🐾 in unsicheren oder verwirrten Situationen auf ihre innere Weisheit hören wollen.
- 🐾 lernen wollen, ihre eigen Wahrheit zu kennen, zu achten und auszusprechen.
- 🐾 die Wahrheit erkennen wollen, die unter den äußeren Umständen oder hinter einschränkenden Glaubenssätzen liegt.
- 🐾 sich mit Autorität(en) konfrontieren müssen und für sich selbst eintreten wollen.
- 🐾 getrennt von anderen ihre eigene Wahrheit finden wollen.
- 🐾 einen klareren Geist entwickeln wollen.

Eine 55-jährige Frau hatte Schwierigkeiten, Entscheidungen zu treffen und fühlte sich aus dem Gleichgewicht. Durch die Eulen-Essenz klärte sich ihr Geist, wodurch sie stärker zentriert und geerdet wurde. Sie konnte Entscheidungen aus einem Ort innerer Klarheit und Balance treffen. Das brachte ihr Entspannung und Freude.

Ein 41-jähriger Mann hatte eine neue Beziehung. Etwas an dieser Beziehung und an seinem eigenen Verhalten war ihm unverständlich. Durch die Eulen-Essenz konnte er die Beziehung von einer objektiven Warte aus betrachten und klar erkennen, dass er viele Entscheidungen getroffen hatte, um den Wünschen seiner Freundin zu entsprechen. Er sah ein, dass es an der Zeit war, seine eigenen Wünsche und Bedürfnisse ernst zu nehmen und in der Beziehung für sich selbst einzutreten.

Fischotter (Otter)

Fischotter hilft uns, in Kontakt mit dem verspielten Kind in uns zu treten. Wir können auch in ernsten Situationen leicht und verspielt bleiben und finden den Mut, Humor und Lachen auszudrücken. Unterstützt uns dabei, das Leben nicht zu ernst zu nehmen, sondern als ein fröhliches, lustiges Spiel zu sehen. Nährt das Gefühl von Freiheit, Leichtigkeit und Lebensfreude.

Empfohlen für Menschen, die

🐾 mehr verspielte Freude erleben wollen.

🐾 überarbeitet sind und lernen wollen, leicht und spielerisch zu werden.

🐾 depressiv und stets besorgt sind.

🐾 lernen wollen, dass das Leben nicht schwierig sein muss.

🐾 lernen wollen, aus schwierigen Situationen auszusteigen und emotionale Belastungen abzulegen.

🐾 sich im späteren Stadium eines Trauerprozesses befinden.

🐾 Und für Kinder, die mit Scheidung oder Traumen konfrontiert sind.

Ein 44-jähriger Mann sah sich als Brotverdiener, Vater und Ehemann mit einem Berg von Verantwortung konfrontiert und stürzte in eine Depression. Nach einigen Wochen Einnahme von Fischotter-Essenz veränderte sich seine Haltung drastisch: Er hatte an allem, was er tat, Freude und erlebte zum ersten Mal seit Monaten wieder Spaß.

Eine 41-jährige Frau hatte mit einem Arbeitskollegen einen Konflikt, wodurch sie beim Kontakt mit diesem Menschen jedes Mal verzweifelt und depressiv wurde. Durch Fischotter gelang es ihr, die Situation weniger ernst zu nehmen und über das Drama darin zu lachen. Dadurch konnte sie sich den Konflikt ohne emotionale Belastung ansehen.

Frosch (Frog)

Der Frosch erleichtert es uns, die Wunder des Alltags wahrzunehmen. Hilft uns, das Leben als wunderbaren, transformierenden Prozess zu sehen und darauf zu vertrauen. Frosch gibt Stärke und Sicherheit für Menschen in tiefen emotionalen und spirituellen Veränderungen. Hilft, sich auch in Veränderungen und Transformationen wohl zu fühlen und sie als eine Beständigkeit des Lebens anzunehmen.

Empfohlen für Menschen, die

🐾 lernen wollen, sich auch in Veränderungen und Transformationen wohl zu fühlen.

🐾 eine Wahrnehmung für das Lebens als wunderbare Erfahrung entwickeln wollen.

🐾 ihre alltäglichen Sorgen hinter sich lassen und für das Wunder des Lebens wach werden wollen

🐾 Stärke und Sicherheit bei der Bewältigung tiefer emotionaler und spiritueller Veränderungen benötigen.

🐾 lernen wollen, dass das einzig Konstante im Leben die Veränderung ist.

Ein 39-jähriger zukünftiger Vater erwartete die Geburt seines ersten Kindes. Er wollte seine Wahrnehmung vom Wunder des Geburtsprozesses vertiefen. Durch die Frosch-Essenz konnte er das Wunder der Geburt seines Kindes vertieft erleben und den spirituellen Aspekt dieser besonderen Zeit in seinem Leben erkennen.

Eine 28-jährige Frau (in Therapie) war von sich und ihrem Leben gelangweilt. Sie hatte die Fähigkeit verloren, das Leben als etwas Wunderbares anzusehen. Durch die Frosch-Essenz fühlte sie sich leichter, entwickelte neues Interesse an ihrem Leben und konnte auch in einfachen Dingen wie dem Wandel der Jahreszeiten wieder etwas Wunderbares sehen. Das brachte ihr Hoffnung und Inspiration, in ihrem Leben voranzuschreiten.

Fuchs (Fox)

Der Fuchs unterstützt uns, unabhängiges Denken und Vertrauen in die eigenen Entscheidungen zu entwickeln. Nährt die Fähigkeit, auch in schwierigen Situationen kluge Lösungen zu finden. Hilft, aus gesellschaftlichen Zwängen auszubrechen und den eigenen Weg zu gehen. Ermöglicht zu erkennen, wie sich eine Situation entwickeln wird und erleichtert weise Entscheidungen. Unterstützt darin, die eigene Autorität zu behaupten.

Empfohlen für Menschen, die

🐾 unabhängiges Denken und Vertrauen in die eigenen Entscheidungen entwickeln wollen.

🐾 kluge Lösungen für Probleme suchen.

🐾 ihre persönliche Kraft und Autorität behaupten wollen.

🐾 sich aus gesellschaftlichen Zwängen befreien und ihren eigenen Zugang zum Leben finden wollen.

🐾 Unterstützung benötigen, um nach vollständigen Informationen weise Entscheidungen treffen zu können.

Eine 36-jährige Frau (in Therapie) wuchs mit einem kontrollierenden Vater auf, der ihre Eigenständigkeit und ihre individuelle Einstellung zu Situationen nicht schätzte. Es passierte ihr oft, dass ihr Geist leer wurde, wenn sie auf Menschen mit starken Meinungen traf. Die Fuchs-Essenz half ihr, Vertrauen zu gewinnen und ihre eigenen Gedanken und Ansichten mitzuteilen. Sie konnte dadurch ihre eigenen Gedanken befreien.

Ein verheiratetes Paar um die 30 hatte finanzielle Schwierigkeiten und überlegte sich, Konkurs anzumelden. Sie konnten nicht über ihre momentane finanzielle Krise hinausblicken. Durch die Fuchs-Essenz fanden sie kluge Ansätze zur Lösung ihrer finanziellen Schwierigkeiten: wie sie ihre Schulden tilgen und zu einem höheren Einkommen kommen könnten. Fuchs half ihnen, die Dinge klarer zu sehen und raffinierte Strategien und Langzeitlösungen zu finden.

Hase (Rabbit)

Hase unterstützt uns darin, auf allen Ebenen unseres Lebens Überfluss zu schaffen. Ermutigt und unterstützt die angeborene Kreativität. Nährt das Vertrauen in die Fähigkeit, das Leben nach den eigenen Träumen zu gestalten. Unterstützt uns in bewegten Zeiten mit einer Vielzahl von Veränderungen und Aufgaben umzugehen. Nährt Kreativität und Verwirklichung in allen Bereichen des Lebens.

Empfohlen für Menschen, die

🐾 ihre Kreativität erwecken wollen und die Fähigkeit, ihre Träume zu verwirklichen.

🐾 in einem Bereich ihres Lebens Überfluss hervorbringen wollen.

🐾 ihre natürlichen kreativen Fähigkeiten verstärken wollen.

🐾 ein Gefühl dafür entwickeln möchten, ein lohnenswertes Leben zu gestalten.

🐾 finanziellen oder spirituellen Mangel erleben.

🐾 keine kreative Energie oder Ausdruckskraft spüren.

🐾 ein Kind bekommen wollen.

Ein 34-jähriger Mann langweilte sich in seinem Beruf als Elektrotechniker und wollte mehr Kreativität in sein Leben bringen. Durch die Hasen-Essenz entdeckte er neue Möglichkeiten der Kreativität. Er hatte sich immer schon zu künstlerischen Tätigkeiten hingezogen gefühlt, hatte aber nie Zeit darauf verwendet, diese Interessen zu verfolgen. Er begann, Gitarre zu spielen und Kunstabendkurse zu besuchen. Durch das Freisetzen seiner Kreativität eröffneten sich ihm neue Wege.

Eine 29-jährige Frau nahm die Hasen-Essenz, um mehr Fülle in verschiedenen Bereichen ihres Lebens zu erlangen: finanziell, spirituell, emotional, etc. Durch die Einnahme konnte sie die Fülle, die bereits in ihrem Leben existierte, besser wahrnehmen und mehr Vertrauen entwickeln. Sie war dadurch weniger davon abhängig, „mehr" haben zu müssen. Durch die Einnahme konnte sie mehr und mehr loslassen und neue Möglichkeiten für Arbeit und Beziehungen entdecken.

Kanadagans (Canada Goose)

Hilft, sich mit dem Leben als Teil eines heiligen Kreises zu verbinden. Unterstützt das Bewusstsein des eigenen Weges und das Gefühl, immer und überall zuhause zu sein. Macht uns die großen Zyklen in und um uns bewusst – Leben, Tod und Erneuerung. Unterstützt die, die ihren Weg verloren haben und ihr spirituelles Zentrum finden möchten. Ermöglicht das Wissen, wann man führen soll und wann man Führung suchen und ihr folgen soll.

Empfohlen für Menschen, die

🐾 sich tiefer mit dem heiligen Kreis und den Zyklen des Lebens verbinden möchten.

🐾 zurückfinden möchten auf ihren spirituellen Weg und zu ihrer spirituellen Reise.

🐾 sich stärker auf ihre natürlichen und persönlichen Zyklen einstimmen möchten.

🐾 ihre Fähigkeit, andere zu führen und sich führen zu lassen, stärken wollen.

🐾 Eigenschaften flexibler, interaktiver Führungsqualitäten entwickeln wollen.

🐾 regelmäßig längere Strecken zurücklegen, v.a. im Flugzeug.

Eine 33-jährige Frau, die in der Nähe von Kanadischen Gänsen lebte und sich mit ihnen stark verbunden fühlte, nahm diese Essenz ein. Sie neigte dazu, im Umgang mit anderen Menschen starr und kontrollierend zu sein. Durch die Essenz fühlte sie sich leichter, fröhlicher und weniger kontrollierend. Sie konnte leichter mit ihrer Führungsrolle umgehen und diese auch zeitweise anderen zukommen lassen.

Eine 26-jährige Frau, die in Therapie war, fühlte oft keinen Kontakt zu sich, ihren natürlichen Zyklen und ihrer Spiritualität. Sie liebte wilde Vögel. Durch die Gänse-Essenz konnte sie sich mit ihrem Inneren verbinden und einen neuen Zugang zu ihrem Körper und ihrer Seele finden.

Kolibri (Hummingbird)

Nährt das Gefühl von Freude, Entzücken und das Feiern des Geschenkes, am Leben zu sein. Für das Gefühl von Leichtigkeit. Hilft bei einer sanften Reinigung und entfernt die Reste von momentanen Emotionen. Hilfreich in Zeiten körperlicher Veränderungen (Reisen, Wechsel von Wohnsitz oder Arbeitsplatz, etc.). Bringt Mut bei der Konfrontation mit emotionalen Herausforderungen und Auftrieb, um sich vergangenen unerledigten Problemen zu stellen.

Empfohlen für Menschen, die

🐾 das Gefühl für Freude und Lebendigkeit verloren haben.

🐾 Leichtigkeit lernen wollen.

🐾 Unterstützung brauchen, um emotionale Blockaden und unerledigte Situationen aus der Vergangenheit zu lösen.

🐾 sich in Veränderungen (Reisen, Jobwechsel etc.) befinden.

🐾 Dinge lösen müssen, bevor sie echte Freude empfinden können.

Eine 27-jährig Frau hatte das Bedürfnis, die Kolibri-Essenz zu nehmen, um Leichtigkeit und Freude zu fördern. Nach der Einnahme reagierte sie überrascht auf ihre Traurigkeit und Mutlosigkeit. Alte Trauer kam an die Oberfläche, die sie aufarbeiten musste, bevor sie die so sehr ersehnte Freude empfinden konnte. Sie begab sich in Therapie und nahm weiter Kolibri ein, der sie auf ihrem Weg durch die Dunkelheit unterstützte.

Eine Frau leitete Schreibseminare für Jugendliche. Sie hielt einen dreiwöchigen Sommermarathon in einem fensterlosen Theater ohne Klimaanlage. Das Wetter war die meiste Zeit über sehr heiß. Um die Belastung durch die Hitze ein wenig zu senken, sprühte sie Kolibri-Essenz in einen Ventilator und verließ den Raum. Als sie kurze Zeit später wieder zurückkam, fand sie die Mädchen scheinbar ohne Grund kichernd am Boden liegend vor.

Krähe (Crow)

Die Krähe ist ein schamanischer Lehrer und gibt uns ihre Unterstützung zur Entdeckung und Entwicklung schamanischer Kräfte und intuitiver Fähigkeiten. Bietet tiefere Einsichten in die Natur der Realität. Hilft, die Paradoxa des Lebens zu entschlüsseln, zwischen den Welten zu wandeln und Illusionen zu durchdringen. „Öffne deine Augen & Ohren – nichts ist so, wie es scheint!"

Empfohlen für Menschen, die

🐾 ihre intuitiven Fähigkeiten finden und entwickeln wollen.

🐾 eine Zugang zur schamanischen Sicht der Dinge bekommen wollen, die alles, belebt oder unbelebt, als lebendig betrachtet.

🐾 lernen wollen, hinter die Welt des Alltäglichen zu blicken.

🐾 einen spirituellen Ruf vernehmen und ihm folgen wollen.

🐾 zwischen den Welten wandeln wollen und die große Illusion der scheinbaren Getrenntheit von physischer und spiritueller Welt auf heben wollen.

Ein 18-jähriger Mann war sich unsicher, ob er studieren oder die Welt für sich entdecken solle. Er verspürte eine Sehnsucht, seine intuitiven Fähigkeiten zu stärken und tiefere Schichten der Realität zu berühren. Die Krähen-Essenz half ihm, einen besseren Kontakt zu seinen Gefühlen und seiner intuitiven Führung zu bekommen, wodurch er mehr Vertrauen in sich selbst und sein Leben entwickelte und seinen Wunsch, zu reisen, verwirklichte.

Eine 37-jährige alternative Heilerin und Seminarleiterin traf immer wieder auf Krähen und nahm die Essenz, um sich besser mit der Krähe zu verbinden. Ihre Träume und intuitive Führung gewannen an Tiefe. Sie vertraute stärker auf ihre Intuition und wurde darin bestätigt, ihre spirituellen Gaben mit der Welt zu teilen.

Lachs (Salmon)

Lachs verstärkt die Aufmerksamkeit auf das Leben als eine Reise heim zum Göttlichen. Hilft uns, die spirituelle Bedeutung und den Sinn im Leben zu finden. Unterstützt die Entdeckung und Vertiefung der Erfahrung des eigenen spirituellen Wegs. Hilft uns, beharrlich unser Ziel zu verfolgen und dem Unbekannten zu vertrauen. Für die Hingabe an das spirituelle Mysterium des Lebens.

Empfohlen für Menschen, die

🐾 keinen tieferen Sinn im Leben als spirituelle Reise sehen.

🐾 lernen wollen, dem Leben als einen spirituellen Prozess zu vertrauen.

🐾 lernen wollen, sich dem Göttlichen hinzugeben.

🐾 Ausdauer erwerben wollen.

🐾 sich durch Hindernisse an ihrer spirituellen Reise gehindert fühlen.

🐾 sich nach einem tieferen Sinn im Leben sehnen.

🐾 Wertschätzung für alle Aspekte ihrer spirituellen Reise erwerben wollen.

🐾 das Gefühl nähren wollen, sich auf einer Reise heim zum Göttlichen zu befinden.

🐾 sich auf spirituellen oder Pilgerreisen befinden.

Ein 24-jähriger Mann hatte auf seiner spirituellen Suche viele Wege und Praktiken kennen gelernt, fühlte sich jedoch spirituell nicht befriedigt. Er sehnte sich nach einer verbindlichen spirituellen Praxis und nach dem Gefühl, Gott nahe zu sein. Durch die Lachs-Essenz erkannte er, dass der Weg und alle Antworten in ihm selbst liegen.

Ein 34-jähriger Mann befand sich in Therapie, um den Missbrauch als Kind aufzuarbeiten. Er war sehr ängstlich und glaubte trotz seiner scheinbaren Religiosität nicht an die Existenz eines liebendes Gottes. Durch die Lachs-Essenz hatte er erstmals ein Gefühl für einen Gott, mit dem er sich zutiefst verbinden konnte. Er gewann viel Hoffnung und durchlief den schmerzhaften Prozess, seine alten Wunden zu heilen.

Libelle (Dragonfly)

Als Meister der Illusion hilft die Libelle uns, zwischen den Dimensionen zu reisen und uns für spirituelle Energien zu öffnen. Sie weckt uns aus unseren persönlichen Illusionen. Sie bringt Entspannung und eine träumerische, weite und leichte Energie. Hilft uns, ruhig zu werden und uns nach arbeitsreichen Zeiten auszuruhen. Erleichtert das Loslassen und eine spirituelle Erweiterung.

Empfohlen für Menschen, die

❖ persönliche Illusionen durchschauen wollen, die ihr Wachstum und ihre Entwicklung verhindern.

❖ Ruhe und Entspannung brauchen.

❖ eine leichte, weite Energie erfahren wollen, v.a. während Phasen der Ruhe und Entspannung (Wochenende, Party, Bad, etc.).

❖ unter Schlafstörungen leiden.

❖ angespannt und ängstlich sind.

Die 52-jährige selbständige Besitzerin eines Naturkostladens arbeitete sehr viel und konnte sich nur schwer entspannen. Die Libellen-Essenz half ihr, sich am Ende jeden Tages zu entspannen und zu beruhigen. Sie konnte auch besser und tiefer schlafen.

Ein 39-jähriger Vater mit viel Verantwortung hatte Probleme, sich zu entspannen und zu beruhigen. Die Essenz verhalf ihm zu mehr Leichtigkeit und Entspannung. Er nahm sie jeden Abend und konnte dadurch ruhiger werden und entspannt eine Zeit in Stille verbringen.

Pfau (Peacock)

Pfau nährt unser Gefühl für Fülle, Erfüllung und Ganzheit des Selbst. Hilft uns, unsere Wahrhaftigkeit und Autorität zu beanspruchen. Bringt unser vollständiges Selbst hervor. Verstärkt das Vertrauen und unterstützt den Selbstwert. Ruft spirituelle Unabhängigkeit hervor und hilft uns, unsere Schönheit in der Welt auszudrücken. Erleichtert uns die archetypische Erfahrung der Königs- / Königinnenenergie.

Empfohlen für Menschen, die

🐾 einen Mangel an Selbstwert haben.

🐾 sich als vollständig und ganz erleben wollen, so wie sie gerade sind.

🐾 Schwierigkeiten damit haben, die Fülle wahrzunehmen, die sie bereits in
ihrem Leben umgibt.

🐾 mehr spirituelle Fülle in ihr Leben bringen wollen.

🐾 ihre natürliche Autorität beanspruchen wollen.

🐾 Für Kinder und Erwachsene, die schweres Leid hinter sich haben.

Ein 24-jähriger übergewichtiger Mann litt unter einem Mangel an Selbstwert und seiner Selbstkritik. Durch die Pfau-Essenz konnte er sich für die guten Dinge in seinem Leben öffnen. Anstatt immer nur auf das Negative zu achten, entwickelte er eine Sicht auf die schönen Aspekte der Dinge. Er entwickelte Lebenshunger und konnte sich seinen Problemen stellen, statt sich davor zu verstecken.

Ein 51-jähriger Mann, der in seiner spirituellen Praxis weit fortgeschritten war, wollte durch die Pfau-Essenz das Gefühl von Fülle und Ganzheit in seinem Leben verstärken. Durch die Einnahme der Essenz konnte er sein Leben als perfekt und erfüllt wahrnehmen. Seine spirituelle und Meditationspraxis vertiefte sich und durch das Gefühl der Fülle konnte er verstärkt im gegenwärtigen Augenblick leben.

Puma (Mountain Lion)

Gibt Mut für zielgerichtetes Handeln. Puma unterstützt kraftvoll die Verwirklichung der persönlichen Träume und Visionen. Hilft, wahrhaftig zu bleiben und zu sich zu stehen, auch in Zeiten von Ablenkungen und Umbrüchen. Fördert die Fähigkeit, Taten zu setzen. Gibt Mut, durch Ängste zu gehen und Selbstvertrauen zu entwickeln. Balanciert Stärke und Sanftheit des Selbst.

Empfohlen für Menschen, die

🐾 Mut benötigen, unabhängig von den Meinungen anderer zu sich zu stehen.

🐾 in Zeiten der Herausforderung Kraft und Mut benötigen.

🐾 sich emotional oder körperlich schwach fühlen.

🐾 lernen wollen, sich zu behaupten und für sich einzutreten.

🐾 neue Projekte angehen oder Pläne verwirklichen wollen.

Eine 28-jährige Frau mit extrem aggressivem Verhalten hatte keine Lebensziele. Die Puma-Essenz brachte Ordnung in ihre Alltagsroutine und half ihr, Vertrauen in ihre Entscheidungen und Standpunkte zu fassen. Ihre aggressiven und sanften Seiten kamen ins Gleichgewicht und sie wurde im Umgang mit Freunden und Verwandten sehr sensibel.

Ein 45-jähriger Mann begab sich in Therapie, um erstmals traumatische Ereignisse seiner Vergangenheit anzusehen. Er nahm regelmäßig Puma-Essenz und gewann Mut und Stärke, um seine ungelösten emotionalen Probleme anzusehen. Dieser Mut brachte viel Unterstützung und Gelassenheit, auf seinem Weg voranzuschreiten.

Reh (Deer)

Für besonnene Bewegungen mit großer Achtsamkeit und Ruhe. Ermutig zu Sanftheit und Frieden. Verstärkt die Fähigkeit, rasch die Richtung zu wechseln, ohne das eigene Zentrum zu verlieren. Vertieft das Bewusstsein für den momentanen Augenblick. Ermöglicht eine klare Sicht auf das, was im Innen und Außen passiert. Unterstützt auf sanfte Art die Fähigkeit zu Hingabe, Demut und Vertrauen.

Empfohlen für Menschen, die

🐾 aggressiv, nervös, zornig oder gestresst sind.

🐾 Sanftheit und Freundlichkeit lernen wollen.

🐾 lernen wollen, ihren Weg mit Achtsamkeit, Klarheit und Bewusstheit zu gehen.

🐾 bewusster werden wollen für das, was in ihnen geschieht.

🐾 die Welt um sich herum bewusster wahrnehmen wollen.

🐾 durch ungelösten Groll, Zorn oder Verbitterung blockiert sind.

Eine 28-jährige alleinstehende aggressive Frau mit starren Einstellungen traf immer wieder falsche Entscheidungen und machte sich dafür schlecht. Durch die Einnahme der Reh-Essenz über mehrere Wochen wurde sie sanfter, ruhiger, großzügiger und verständnisvoller in ihren Beziehungen. Sie konnte auch wesentlich besser schlafen.

Ein 45-jähriger erfolgreicher Geschäftsmann mit einer sanften und freundlichen Persönlichkeit fühlte sich oft gestresst und zermürbt. Er wusste, dass er ein verstärktes Bewusstsein für die Vorgänge in und um ihn benötigte, um eine bessere Sicht auf sein Leben zu bekommen. Durch die Reh-Essenz konnte er seine Handlungen während des Tages besser beobachten und klarer erkennen, welche Entscheidungen zu Stress führten. Dadurch konnte er ruhiger werden und die nötigen Veränderungen in seinem Leben veranlassen.

Rotkehlchen (Robin)

Rotkehlchen hilft uns, uns selbst zu nähren und zu bemuttern. Für die Entwicklung eines gesunden Erwachsenenegos. Unterstützt die Fähigkeit, ein liebevoller Elternteil zu sein. Für ein harmonisches Familienleben und um Liebe in Form von Dienen zu erfahren. Verwurzelt das Neue in unserem Leben. Hilft, aus Chaos Harmonie zu entwickeln und unterstützt uns darin, uns von emotionalen Schocks zu erholen. Vorbote für den Frühling, die Hoffnung und die Freude in uns selbst.

Empfohlen für Menschen, die

🐾 lernen wollen, sich selbst besser zu nähren oder zu bemuttern.

🐾 ungelöste Konflikte mit ihren Müttern haben.

🐾 als Kinder von ihren Eltern verletzt wurden.

🐾 in Therapie sind.

🐾 an Einsamkeit oder Depressionen leiden.

🐾 Scheidungen oder Trennungen erleben.

🐾 Liebe nicht geben oder annehmen können.

🐾 sich stagniert oder leblos fühlen.

🐾 als Eltern besser für ihre Kinder sorgen wollen.

🐾 Und für Kinder, die von ihren Eltern verletzt wurden.

Eine 26-jährige Frau war Mutter eines 6 Wochen alten Mädchens. Die Geburt war sehr traumatisch verlaufen und die Mutter hatte das Gefühl, keine emotionale Bindung zu ihrem Baby zu haben. Durch die Rotkehlchen-Essenz war es ihr möglich, sich mit ihrem natürlichen Mutterinstinkt zu verbinden und ihm zu vertrauen. Dadurch konnte sie sich gefühlsmäßig auf eine neue Art mit ihrem Baby verbinden.

Ein 45-jähriger Mann (in Therapie) wusste nicht, wie er gut für sich selbst sorgen könne. Als Kind erlebte er eine feindselige Mutter, die kaum liebevolle Gefühle zeigte. Er hatte nicht gelernt, Liebe zu geben oder anzunehmen. Durch die Rotkehlchen-Essenz wurde er weniger selbstkritisch und offen dafür, zu lernen, wie er sich selbst nähren und gut für sich sorgen könne.

Salamander

Verbindet dich mit den Mysterien der Erde. Hilft uns, uns verwurzelt zu fühlen und durch die Verbindung mit dem Mysterium von Veränderung und Erneuerung Kraft zu gewinnen. Um die Geheimnisse der Unterwelt zu entdecken. Unterstützt uns, die Gegenwart tiefer zu erleben und uns mit der schamanischen Kraft zu verbinden, die im Herzen des gegenwärtigen Augenblicks bereit steht.

Empfohlen für Menschen, die

🐾 ihr Verständnis für die Mysterien der Erde vertiefen wollen.

🐾 durch einen Prozess tiefer emotionaler Heilung gehen.

🐾 ihre Erfahrung der geheimnisvollen Natur von Veränderung durch Erneuerung vertiefen wollen.

🐾 sich besser verwurzeln wollen.

🐾 die Unterwelt entdecken wollen.

🐾 sich „nicht in ihrem Element" fühlen.

🐾 sich mit der schamanischen Kraft verbinden wollen, die im Herzen des gegenwärtigen Augenblicks bereit steht.

🐾 einen Arm, ein Bein oder einen anderen wichtigen Körperteil verloren haben.

Eine 33-jährige Frau hatte eine Fehlgeburt und trauerte zutiefst um den Verlust ihres Kindes. Durch die Salamander-Essenz fühlte sie sich stärker mit der Erde und mit der Energie von Leben und Tod verbunden. Sie erfuhr große Unterstützung und Heilung und konnte sich der größeren spirituellen Erfahrung ihrer Trauer öffnen.

Ein Berater, der Menschen in Prozessen tiefer persönlicher Heilung begleitete, empfahl seinen Klienten Salamander-Essenz. „Zahlreiche Klienten, die Salamander-Essenz genommen hatten, scheinen sich tiefer mit den spirituellen Qualitäten ihrer Heilungsreise zu verbinden. Sie bekommen das Gefühl, nicht allein zu sein und verbinden sich auf einer sehr tiefen Ebene mit der Essenz des Lebens."

Schildkröte (Turtle)

Schildkröte ermöglicht uns, eine tiefe Verbundenheit und Einheit mit der Erde zu erfahren. Sie gibt uns emotionalen und seelischen Schutz und hilft uns, uns auch in intensiven Situationen und Umgebungen sicher zu fühlen. Sie erleichtert, unsere Aufmerksamkeit auf den gegenwärtigen Moment zu richten und wichtige Dinge zu erledigen. Hilft, langsam zu werden und den Augenblick zu schätzen. Unterstützt uns, Herausforderungen allein zu meistern.

Empfohlen für Menschen, die

🐾 in intensiven Situationen emotionalen oder seelischen Schutz benötigen.

🐾 sich im Umgang mit speziellen Personen oder Menschen im Allgemeinen verletzlich fühlen.

🐾 eine bessere Verwurzelung suchen.

🐾 keine Verbindung zur Erde spüren.

🐾 lernen wollen, langsam zu werden und den Augenblick wahrzunehmen.

Ein 37-jähriger Mann, der am Land lebte, musste beruflich nach New York fahren. Er war wegen dieser Reise besorgt, weil er sich in großen Städten immer überwältigt fühlte. Er nahm vor und während der Reise die Schildkröten-Essenz und fühlte sich vor den intensiven optischen und akustischen Reizen der Stadt sicher und geschützt. Er erlebte das, was normalerweise eine Bedrohung für ihn dargestellt hätte, als eine angenehme Zeit.

Eine 40-jährige Frau hatte Probleme mit ihrem Vermieter. Durch sein lautes und unnachgiebiges Verhalten fühlte sie sich sehr verletzlich. Durch die Schildkröten-Essenz fühlte sie sich geerdet, zentriert und gewann an Vertrauen. Sie wusste, dass sie im Umgang mit ihm geschützt sei. Dadurch konnte sie offen reden und fühlte sich in seiner Gegenwart nicht mehr so verletzlich.

Schlange (Snake)

Als schamanischer Lehrer ermöglicht uns die Schlange eine Einweihung in die tiefsten transpersonalen Bereiche der Seele. Sie gibt uns eine kraftvolle Unterstützung für Transformationen auf tiefster Ebene. Hilft uns, die archetypischen Energien von Tod und Wiedergeburt zu vertiefen und zu integrieren. Erweckt die tiefsten Geheimnisse der Schöpfung.

Empfohlen für Menschen, die

🐾 Transformation auf tiefster Ebene erfahren.

🐾 „aus der Haut fahren" wollen und nach einem Neubeginn suchen.

🐾 intensive Veränderungen und Transformationen erfahren (z.B. Kinder in der Pubertät, Frauen in den Wechseljahren, Menschen im Sterbeprozess)

🐾 sich in fortgeschrittenen Stadien eines Heilungsprozesses befinden und ihre
persönlichen Schatten ansehen möchten.

🐾 neue Tiefen in ihrer spirituellen Praxis erfahren möchten.

Eine 55-jährige Heilerin zog sich für eine persönliche Auszeit in die Berge zurück. Es war das erstemal seit Jahren, dass sie sich Zeit für eine Innenschau genommen hatte. Sie nahm die Schlangen-Essenz und war erstaunt über die Tiefe ihrer inneren Verbindungen. Sie hatte das Gefühl, die Haut ihres bisherigen Lebensweges abzustreifen und kehrte erneuert, erfrischt und wie neugeboren nach Hause zurück.

Ein 41-jähriger, spirituell orientierter Mann nahm die Schlangen-Essenz, um zu einer vertieften Wahrnehmung seiner selbst und der Erde zu gelangen. Tatsächlich traf er an Plätzen auf Schlangen, an denen er sie zuvor niemals gesehen hatte. Er sah das als eine kraftvolle Bestätigung seines Weges. Seine Meditation vertiefte sich und er erfuhr eine Verbindung mit der Erde, die alles bis dahin Erlebte überstieg.

Schmetterling (Butterfly)

Als ein Katalysator für Transformation unterstützt der Schmetterling Menschen in Zeiten emotionaler und spiritueller Veränderungen. Hilft, loszulassen, weiterzugehen und in die Fähigkeit des Windes, jemanden zu tragen, zu vertrauen. Unterstützt das Gefühl von Leichtigkeit, Anmut und dem sanften Fluss von Geben und Nehmen. Nährt das harmonische Gleichgewicht von Verletzlichkeit und Stärke in uns.

Empfohlen für Menschen, die

🐾 sich in einem größeren inneren und äußeren Veränderungsprozess befinden, wie

> 🐾 Veränderungen im Beziehungs- oder Arbeitsleben oder Umzug

> 🐾 Erwachsenwerden oder Menopause

> 🐾 emotionale Heilung, Therapie oder das Auftauchen ungeheilter Verletzungen

> 🐾 Säuglinge und Kinder bei Entwicklungsschritten

> 🐾 Tod

🐾 sich Veränderungen widersetzen.

🐾 lernen wollen, sich zu erlauben, verletzlich zu sein.

🐾 lernen wollen, sich hinzugeben und auf Gott zu vertrauen.

Die 54-jährige Besitzerin eines Buchgeschäftes hatte ihre 30jährige Beziehung beendet. Wie zu erwarten, war sie mit zahlreichen Gefühlen und Ängsten konfrontiert. Die Einnahme der Schmetterlings-Essenz brachte eine sofortige Wirkung – sie fühlte sich zutiefst unterstützt und wusste, dass es ihr gut ergehen werde und dass sie behütet sei. Innerhalb eines Tages reagierten Freunde und Kollegen auf die sichtbaren Veränderungen in ihr.

Ein 9 Monate alter Bub hatte einen Wachstumsschub, als er zu krabbeln begann. Tagsüber strahlte er vor Freude und krabbelte herum. Üblicherweise schlief er nachts tief & fest, aber während dieses Entwicklungsschubes wachte er weinend alle 45 Minuten auf. Die Essenz wurde auf die Handflächen, Fußsohlen und Schläfen aufgebracht und er reagierte sofort, indem er sich beruhigte und ohne weitere Störungen schlafen konnte.

Schwan (Swan)

Schwan erweitert unsere Fähigkeit, unsere eigene Göttlichkeit und Schönheit zu sehen und anzunehmen. Nährt das Gefühl für das Schöne und erleichtert es uns, alles als Spiegel des Göttlichen zu sehen. Erhöht den Selbstwert und hilft, das Gute in anderen zu erkennen. Ermutigt dazu, das Leben als kostbares und heiliges Geschenk zu schätzen. Nährt das Gefühl für den „Weg der Schönheit".

Empfohlen für Menschen, die

🐾 einen geringen Selbstwert haben.

🐾 ein schwaches Körperbild haben.

🐾 sich und andere verurteilen.

🐾 die Erfahrung von sich als etwas Göttlichem vertiefen wollen.

🐾 andere und die Welt als einen Spiegel des Göttlichen sehen wollen.

Eine 28-jährige übergewichtige Frau war unglücklich über ihr Aussehen. Sie hatte schon ihr ganzes Leben lang mit ihrem Körperbild gekämpft. In der Therapie erkannte sie die Wurzeln ihrer Probleme und nahm die Schwan-Essenz. Zum ersten Mal war es ihr möglich, ihre guten Seiten und positiven Fähigkeiten zu sehen und zu achten. Sie nahm die Schwan-Essenz weiter ein, wodurch ihr wachsender Selbstwert unterstützt wurde.

Ein etwa 30-jähriges Paar wollte in der Beziehung eine vertiefte Sexualität erfahren und beide nahmen die Schwan-Essenz. Dadurch konnten sie die innere Schönheit des anderen besser und vollständiger erkennen. Das verstärkte ihre emotionale und spirituelle Verbindung und vertiefte ihre gemeinsamen sexuellen Erfahrungen.

Seehund (Seal)

Als großer Lehrer der Leichtigkeit und Mühelosigkeit unterstützt der Seehund uns darin, zuerst eine Anstrengung aufzubringen und den Dingen dann zu erlauben, sich natürlich zu entfalten. Auch lernen wir, uns mit Anmut und Leichtigkeit durch das Leben zu bewegen. Er unterstützt die, die sich zu sehr bemühen. Er lehrt uns die Kunst des einfachen Seins. Seehund entspannt den Körper und schafft ein positives Körperbild. Er nährt die Gefühle von Freundlichkeit und Unschuld und hilft uns, unsere Sorgen loszulassen und das Leben zu genießen.

Empfohlen für Menschen, die

🐾 zu Arbeitssucht neigen und lernen wollen, langsamer zu werden, loszulassen und dem Göttlichen zu vertrauen.

🐾 nach Leichtigkeit suchen und ihre Sorgen loslassen wollen.

🐾 ein Gleichgewicht von Anstrengung und Hingabe suchen.

🐾 sich mit Anmut durch ihr Leben bewegen wollen.

🐾 ein positives Körperbild entwickeln wollen.

🐾 in Berufen tätig sind, die körperliche Anmut erfordern, z.B. Tänzer oder Sportler.

Eine 44-jährige Frau war überarbeitet und sehr gestresst. Ihr Terminkalender war voll und sie beklagte sich über ihren Stress. Sie war nicht bereit, ihren Tagesablauf zu verändern, ließ sich jedoch darauf ein, die Seehund-Essenz einzunehmen. Nach einigen Wochen begann sie, loszulassen und wurde leichter. Auch erlaubte sie eine natürliche Entwicklung der Dinge, statt sie immer voranzutreiben. Es war für sie eine verblüffende Veränderung und sie war erstaunt, wie anders sie sich fühlte.

Ein selbständiger 39-jähriger Mann erwartete die Geburt seines ersten Kindes. Er war voller positiver Erwartungen, litt aber unter der Belastung, zahlreiche Projekte abzuschließen, um nach der Geburt freie Zeit zu haben. Durch die Seehund-Essenz erlangte er mehr Ausgeglichenheit: Er arbeitete konzentriert an seinen Projekten und nahm sich Pausen, in denen er loslassen und sich dem Göttlichen hingeben konnte und darauf vertraute, dass sich alles erledigen würde.

Spinne (Spider)

Als Weberin des Netzes erleichtert die Spinne innere Verbindung und Integration. Sie ermöglicht uns einen Zugang zu unserem tiefsten inneren Wissen und nährt das Gefühl von Ganzheit. Als Vermittlerin einer inneren Vernetzung unterstützt sie uns, abgespaltene Teile in uns wieder zusammen zu führen. Sie nährt das Gefühl von Zugehörigkeit, Verbindung und Integration auf allen Ebenen unseres Seins.

Empfohlen für Menschen, die

🐾 innere Konflikte und Abspaltungen ansehen und lösen wollen.

🐾 geistig verwirrt sind.

🐾 unterschiedliche Bereiche ihres inneren und äußeren Lebens zusammenbringen wollen.

🐾 viel zu tun haben und in zu viele Tätigkeiten und Verantwortlichkeiten eingebunden sind.

🐾 nach Ausgeglichenheit suchen.

🐾 in Projekten arbeiten, die das Zusammenführen und Verbinden von zahlreichen verschiedenen Bereichen erfordert.

Eine 32-jährige Frau befand sich in Therapie, um Traumen aus der Kindheit auszulösen. Sie war oft von einer Vielzahl von unterschiedlichen Gefühlen überwältigt. Sie nahm die Spinnen-Essenz und bekam nach einiger Zeit das Gefühl, all die verschiedenen Emotionen und Teile ihres Selbst zusammenbringen zu können, ohne von ihnen überwältigt zu werden. Das war eine ungeheure Unterstützung in ihrem emotionalen Heilungsprozess.

Ein 38-jähriger Mann war in vielen Aspekten seines Lebens äußerst erfolgreich. Trotzdem hatte er das Gefühl, dass diese Erfolge unzusammenhängend und unvereinbar seien, so als ob verschieden Teile von ihm unterschiedliche Dinge täten ohne dass es irgendeine Verbindung zwischen ihnen gäbe. Durch die Spinnen-Essenz gelang es ihm, den roten Faden der Freude zu finden, der sich durch die vielen Bereiche seines Lebens zog und sich vollständig und ganz zu fühlen.

Taube (Dove)

Vermittelt ein nährendes Gefühl von Frieden, Ruhe und Stille im Herzen des Lebens. Besänftigt das Denken und erlaubt, Gott im gegenwärtigen Moment wahrzunehmen. Nährt das Gefühl für den weiblichen Aspekt des Göttlichen und für den himmlischen Segen. Erlaubt uns, die Schönheit des Einfachen zu ehren und wertzuschätzen.

Empfohlen für Menschen, die

🐾 ihre Erfahrung von Ruhe, Stille und Frieden vertiefen wollen.

🐾 ihren unruhigen Geist besänftigen wollen, um präsenter zu werden.

🐾 unter starker Anspannung oder Stress leiden.

🐾 ihr Leben vereinfachen wollen.

🐾 in Konfliktsituationen mit anderen stehen.

🐾 gemeinsam stressige Zeiten erleben.

Ein Paar Ende zwanzig hatte Kommunikationsprobleme – beide hatten eine Menge unausgedrückten Groll und Ärger angestaut. Beide nahmen die Tauben-Essenz über mehrere Wochen ein und beobachteten eine langsame, aber deutliche Veränderung: Sie konnten einander zuhören, ohne sofort heftig zu reagieren. Sobald sie gelernt hatten, zuzuhören, war es viel leichter, die Probleme zu lösen.

Ein Ehepaar Ende dreißig erwartete das erste Kind. Es wurde vier Wochen nach dem geplanten Termin geboren. Das Paar nahm die Essenz, um ruhiger und zentrierter zu werden, während sie auf die Geburt warteten, ohne sich Sorgen zu machen. Sie waren ruhig in einer Zeit, die sonst leicht voller Besorgnis und Stress hätte sein können. Das Baby kam gesund und kräftig zur Welt.

Wal (Whale)

Ein fortgeschrittenes Mittel, um sich mit den höheren Plänen des Bewusstseins jenseits der Erde zu verbinden. Für eine spirituelle Ausdehnung in die tiefsten Ebenen. Beruhigt und klärt den Geist und hilft uns, uns mit der höchsten Intelligenz zu verbinden. Um von einer höheren Warte aus einen Blick auf das „Große Ganze" zu bekommen – auf einer Ebene des Wissensaustausches und der Kommunikation zwischen allen Lebewesen und Galaxien. Verbindet uns mit dem „Wissen aller Zeiten".

Empfohlen für Menschen, die

🐾 nach einer spirituellen Erweiterung auf den tiefsten Ebenen streben.

🐾 sich mit der universellen Weisheit verbinden wollen.

🐾 eine Reise über das Erdbewusstsein hinaus machen und in das Wissen der Vergangenheit, Gegenwart und Zukunft eintauchen wollen.

🐾 spirituelle Räume erkunden möchten.

🐾 tiefes Leid erfahren und ihre Wahrnehmung der Realität erweitern möchten.

🐾 ihre Wahrnehmung auf höhere Ebenen ausdehnen möchten.

🐾 einen Blick auf das Große Ganze werfen möchten.

Eine 38-jährige Frau erlebte schwierige Zeiten und viele schlaflose Nächte. Durch die Wal-Essenz wurde ihr Geist in der Nacht ruhiger. Zu ihrer großen Erleichterung lag sie nachts nicht mehr so lange wach. Sie sagte, dass die Wal-Essenz ihr helfe, das Denken loszulassen und sich in die stillen Räume des Universums auszudehnen.

Ein 43-jähriger spiritueller Mann arbeitete als Lehrer und Therapeut. Er hatte immer schon eine Verwandtschaft mit Walen gefühlt und nahm die Wal-Essenz, um seine Meditation zu vertiefen. Dadurch wurde seine Verbindung mit der universellen Weisheit und seinen inneren Führern vertieft. Er hatte das Gefühl, dass der Wal ihm helfe, eine Brücke zwischen sich, der Tierwelt und der Höchsten Spirituellen Weisheit zu bauen.

Waschbär (Raccoon)

Waschbär unterstützt uns, versteckte Aspekte des Selbst zu entdecken, anzunehmen und die Wahrheit aufzudecken. Für eine sanfte und leichte Bewegung zwischen den vielen Rollen unseres Lebens (z.B. Mutter, Ehefrau, Angestellte, Schwester, Tochter, etc.). Hilft uns, die vielen Aspekte des Selbst zu genießen und Freude beim Wechseln von einem zum anderen zu finden.

Empfohlen für Menschen, die

🐾 viele verschiedene Rollen in ihrem Alltag spielen und leicht zwischen ihnen wechseln wollen.

🐾 versteckte Aspekte ihrer Persönlichkeit entdecken wollen.

🐾 die vielen Dimensionen des Selbst entdecken und genießen wollen.

🐾 sich auf einem inneren Prozess befinden, um die Motivationen für ihr Handeln aufzudecken.

Ein 38-jähriger Mann konfrontierte sich im Zuge einer Therapie erstmals mit den Tiefen seines Charakters und den Gründen für seine Handlungen. Er schaute sich die wesentlichen Ereignisse seiner Kindheit an. Durch die Waschbär-Essenz war es ihm möglich, in verdrängte Erinnerungen einzutauchen, die sein ganzes Leben beeinflusst hatten. Die zunehmende Bewusstheit war schmerzhaft und herausfordernd, führte ihn aber zu einer Phase tiefer innerer Transformation und zu emotionalem und spirituellen Wachstum.

Eine 39-jährige Akademikerin, Ehefrau und Mutter fühlte sich oft überfordert von den Rollen, die sie im Laufe eines Tages innehatte. Durch die Waschbär-Essenz gelang es ihr, leichter die Rollen zu wechseln und den Umstand zu genießen, dass sie so viele unterschiedliche Energien verkörpern könne.

Wildpferd (Wild Horse)

Das Wildpferd stärkt unser Herz und nährt das Gefühl für eine liebevolle Offenheit, Zugehörigkeit und Verbindung mit anderen. Es unterstützt uns in einer vertieften Wahrnehmung des Selbst, nährt unser Vertrauen, unsere Stärke und Kraft. Sanft öffnet es das Herzchakra. Es hilft denen, die einsam oder depressiv sind oder ihr „Herz verloren haben".

Empfohlen für Menschen, die

🐾 sanft ihr Herzchakra öffnen wollen.

🐾 Vertrauen und das Gefühl für persönliche Stärke entwickeln wollen.

🐾 die einsam oder depressiv sind oder ihr „Herz verloren haben".

🐾 ihr gebrochenes Herz heilen wollen.

🐾 sich einsam oder allein fühlen oder die lernen wollen, sich mit anderen verbunden zu fühlen.

🐾 Und für Kinder mit emotionalen Verletzungen.

Ein 9-jähriges Mädchen gewann durch die Wildpferd-Essenz Vertrauen. Im Umgang mit Freunden fühlte sie sich wohl und ihr gefiel, was sie tat. Durch Reitstunden bekam sie eine bessere Verbindung zu ihrem Unterrichtspferd, verlor ihre Ängstlichkeit und lernte eifrig. Auf die Frage, wie sie sich nach einigen Tagen Einnahme der Wildpferd-Essenz fühle, antwortete sie: „So als wäre ich ein großes Lächeln!"

Eine 45-jährige Frau, die nach ihrer Scheidung allein lebte, fühlte sich hoffnungslos und litt an ihrem „gebrochenen Herzen". Durch die Wildpferd-Essenz wurde sie zunehmend „beherzter" und öffnete sich für eine Verbindung mit anderen Menschen. Diese Essenz half ihr, den Übergang in ihr neues Leben zu bewältigen und ihr gebrochenes Herz zu heilen. Sie konnte wieder lächeln und die Freude am Leben genießen.

Wolf

Wolf hilft uns, uns zu erden und nährt den Sinn für eine göttliche Gegenwart. Er ermöglicht uns, die Wahrheit zu erkennen und richtig zu handeln. Er hilft, Beziehungen zu klären und gesunde Grenzen im Umgang mit anderen zu setzen. Er ermutigt uns zu Geselligkeit und zu einem Gefühl von Gemeinschaft. Er schafft einen freudvollen Geist, Charakterstärke, Integrität und die Anerkennung lebenslanger Bindungen.

Empfohlen für Menschen, die

🐾 Gesellschaft nicht genießen können oder Probleme damit haben.

🐾 Schwierigkeiten haben, in Beziehungen Verpflichtungen einzugehen.

🐾 lernen wollen, anderen Menschen Grenzen zu setzen.

🐾 fürchten, in Gruppen ihre Individualität zu verlieren.

🐾 ihre Integrität entwickeln wollen.

🐾 Und für Kinder oder Erwachsene, die Schwierigkeiten haben, Kontakt zu anderen zu bekommen.

Ein introvertierter 34-jähriger Mann fühlte sich in Gruppen nicht wohl und mochte daher keine Partys oder anderen gesellschaftlichen Veranstaltungen. Durch die Wolf-Essenz fühlte er sich in Gesellschaft viel wohler und begann sogar, sie zu genießen. Erstmals in seinem Leben hatte er sich mit anderen Menschen innerlich verwandt gefühlt und nicht wie sonst getrennt und allein.

Eine 22-jährige Frau fühlte sich in der Beziehung zu ihrem Freund verwirrt. Sie ließ ihre eigenen Meinungen oft beiseite und überließ es dem Freund, Entscheidungen für sie beide zu treffen. Durch die Wolf-Essenz begann sie, für sich einzutreten und ihre Meinungen und Gefühle deutlich auszusprechen. Dadurch gewann sie mehr Vertrauen in die Beziehung.

Die afrikanischen Essenzen

Elefant (Elephant)
Flusspferd (Hippopotamus)
Gazelle
Gepard (Cheetah)
Giraffe
Löwe (Lion)
Schimpanse (Chimpanzee)
Zebra

Zu den afrikanischen Essenzen:

Meine Verbindung zu den Tieren Afrikas geht auf die 1980er Jahre zurück, als ich mehr als zwei Jahre in einem Dorf in Togo, Westafrika, verbrachte. Ich arbeitete für das U.S. Friedenscorps mit analphabetischen Bauern in einem Projekt, in dem amerikanische Freiwillige Seite an Seite mit den Einheimischen in Entwicklungsländern lebten und arbeiteten.

Ich war der erste Weiße, der in diesem afrikanischen Dorf diente. Das war eine tiefe Ehre und das größte Geschenk, das ich je bekam. Diese Erfahrung zog mich in das Herz und in die Seele Afrikas und ich war gesegnet, unter erstaunlichen Menschen zu leben, die mich viel über sich und über mich lehrten.

Der afrikanische Stamm, mit dem ich lebte, die Mobo-Leute der Savanne des nördlichen Togo, leben in Harmonie mit der Erde. Als ich auf ursprüngliche Weise unter ihnen lebte, wurde ich Zeuge und lernte ihren tiefen Respekt für die Erde und ihre Wege. Ich wurde eingeladen, an traditionellen Ritualen teilzunehmen und war in der Region unter einem afrikanischen Namen bekannt, den mir der Stammesführer gegeben hatte.

Die Moba zeigten mir, was es bedeutet, im gegenwärtigen Augenblick zu leben, von Leben und Tod umgeben zu sein, Gott zu jeder Zeit und auf alle Arten zu danken und am allermeisten: jetzt hier zu sein und darauf zu vertrauen, dass für uns gesorgt sein wird. Die Moba lehrten mich auch sehr viel über heilige Rituale und über die Kraft der Absicht und Struktur im Laufe einer Zeremonie.

Während der Jahre in Afrika hatte ich die Gelegenheit, viele afrikanische Tiere aus der Nähe zu erleben – manchmal zu nahe! Ich stieg barfuß fast auf eine kleine schwarze Schlange, deren Biss für mich tödlich gewesen wäre und wurde fast von einem Elefanten angegriffen, dem ich etwas zu nahe gekommen war. Um uns lebten Affen, Schlangen, Krokodile, Elefanten und Flusspferde und ich besuchte auch einige Reservate, in denen ich Gelegenheit hatte, auch andere große Tiere in der freien Wildbahn zu erleben. Da mich das alles zutiefst berührt hatte, war es für mich nicht überraschend, zu den afrikanischen Tieressenzen geführt zu werden.

Die afrikanischen Essenzen haben alle eine Qualität von tiefer Erdung, die ihre gemeinsame Eigenschaft ausmacht. Für mich sind Afrika und Erdung Synonyme. Die Energie Afrikas ist die Energie der Erde in ihrer ursprünglichsten Form – Afrika erscheint mir als das 1. Chakra der Erde. Das spiegelt sich auch darin wieder, dass in Afrika überall dort Trommeln zu hören sind, wo Menschen leben. Die Trommel ist der Herzschlag Afrikas und das Feiern der Erdung, so wie auch unser Herzschlag die körperlichste und grundlegendste Erfahrung der Lebenskraft ist, die durch unsere Adern fließt.

Die afrikanischen Tiere sind ein besonderes Geschenk an die Erde und ich hoffe, dass dir die tiefe Qualität der Erdung und Heilung dieser Essenzen zugute kommt.

Elefant (Elephant)

Für eine tiefe Erdung und spirituelle Erweiterung. Verstärkt die Fähigkeit zu telepathischer Kommunikation über Entfernungen hinweg und unterstützt uns, anderen und uns selbst zuzuhören. Erinnert uns an das Wesentliche. Hilft uns, unsere intuitive weibliche Natur zu ehren und Mutter Erde in ihrer Weite zu erfahren. Ermutigt uns zu einem Führungsstil, der sich um das Wohl aller sorgt.

Empfohlen für Menschen, die

🐾 eine gute Erdung brauchen.

🐾 ihre Spiritualität erweitern wollen, gleichzeitig aber gut geerdet bleiben möchten.

🐾 lernen wollen, die weibliche Seite ihrer Persönlichkeit wertzuschätzen.

🐾 lernen wollen, anderen Menschen zuzuhören.

🐾 sich auf das Wesentliche besinnen wollen.

🐾 Eltern oder in einer leitenden Position sind.

🐾 auch über größere Entfernungen hinweg im Kontakt mit geliebten Menschen bleiben wollen.

Ein 41-jähriger Geschäftsmann schätzte die vielen Reisen nicht, die er beruflich unternehmen musste. Er vermisste dann seine Familie und fühlte sich nicht geerdet. Durch die Elefanten-Essenz veränderte sich seine Wahrnehmung: Er fühlte sich sicherer, mit der Erde verbunden und spürte auch über große Entfernungen den Kontakt zu seiner Familie. Dadurch empfand er viel weniger Stress auf seinen Reisen.

Eine 34-jährige Mutter von 4 Kindern fühlte sich oft überfordert. Sie nahm Elefanten-Essenz, um trotz der großen Verantwortung bei sich zu bleiben. Sie spürte, dass sie dadurch eine bessere Mutter wurde und einen besseren emotionalen Kontakt zu ihren Kindern hatte.

Flusspferd (Hippopotamus)

Das Flusspferd ermöglicht uns eine tiefe Verwurzelung und gibt uns kraftvolle Unterstützung, um ungelöste emotionale Konflikte anzusehen. Es hilft denen, die ihre Gefühle verstehen und annehmen möchten. Es ermutigt uns zu der Erfahrung, die körperlichen und emotionalen Ebenen unseres Lebens miteinander zu verbinden und hilft uns, in beiden Bereichen verwurzelt zu sein.

Empfohlen für Menschen, die

🐾 sich mit ihren Gefühlen anfreunden wollen und diese verstehen und akzeptieren möchten.

🐾 einen Widerstand gegen ihre Emotionen und Gefühle im Allgemeinen haben.

🐾 ungelöste emotionale Konflikte haben, sich aber weigern, die Tiefe der eigenen Gefühle anzuerkennen.

🐾 sich in einem Prozess der emotionalen Heilung befinden und Erinnerungen aufdecken.

🐾 ein besseres Verständnis für die Tiefen des Unbewussten erlangen wollen.

Ein 45-jähriger Mann begab sich auf das Drängen seiner Frau in Therapie. Er war ein Erfolgsmensch und hatte kein Interesse an Gefühlen oder einer Verbindung zu seinem Innenleben. Durch die Flusspferd-Essenz bekam er Kontakt zu Gefühlen, von denen er bis dahin nicht einmal etwas geahnt hatte. Das gab ihm eine ungeheure Unterstützung darin, sich auf den langen Weg der Selbsterkenntnis zu begeben.

Ein 40-jähriger Mann hatte immer schon eine Verbindung zu Flusspferden gespürt und nahm daher die Essenz. Er fühlte sich sehr ruhig und zentriert und hatte das Gefühl von „beruhigendem Wasser, wie in einem warmen Bad". Die Essenz half ihm, in Kontakt mit sich und seinen Gefühlen zu bleiben und seinem Bedürfnis nachzugeben, langsamer zu werden und einfach zu sein.

Gazelle

Unterstützt uns darin, unsere Verletzlichkeit anzusehen und die darin enthaltene Stärke zu erkennen. Lehrt uns, uns in der Welt sicher zu fühlen. Vermittelt uns eine geschärfte Wahrnehmung dafür, was in unserer Umgebung vor sich geht und gibt uns ein hoch entwickeltes Gefühl von Wachsamkeit und Aufmerksamkeit.

Empfohlen für Menschen, die

🐾 ihre Verletzlichkeit wahrnehmen und akzeptieren wollen.

🐾 eine starre, kompromisslose oder kontrollierende Persönlichkeit haben.

🐾 sehr verletzlich sind und das Gefühl bekommen wollen, in der Welt sicher zu sein.

🐾 in einer gefährlichen Umgebung leben oder dorthin reisen.

🐾 eine geschärfte Wahrnehmung dafür entwickeln wollen, was in ihrer Umgebung vor sich geht.

🐾 die Absichten anderer erkennen wollen.

Ein 49-jähriger Mann war mit seiner Frau in einer Paartherapie. Er schätzte sich selbst als stark und unabhängig ein, wurde aber als starr und kontrollierend wahrgenommen. Durch die Gazellen-Essenz wurde er sanfter und konnte erstmals seine weichen und verletzlichen Seiten sehen und wertschätzen. Dadurch bekam er einen besseren Bezug zu sich selbst und auch zu seiner Frau.

Eine 22-jährige alleinstehende Frau lebte in New York und fühlte sich in dieser Großstadt oft verletzlich. Durch die Gazellen-Essenz bekam sie eine erhöhte Wahrnehmung ihrer Umgebung und konnte leicht die Sicherheit von Situationen oder Personen einschätzen. Dadurch gewann sie an Zuversicht und Selbstvertrauen, gut für sich sorgen und auf sich aufpassen zu können.

Gepard (Cheetah)

Der Gepard hilft uns, Ziele mit großer Schnelligkeit, Effizienz und Klarheit zu erreichen. Er ermöglicht denjenigen, die das Gefühl haben, festzustecken oder blockiert zu sein, einen Blitzstart. Unterstützt das Nervensystem von Menschen, die einen sehr schnellen Lebensstil haben. Hilft uns, in Bewegung zu kommen, sobald wir eine Entscheidung getroffen haben. Für Menschen, die mit ihrer Zeit und ihren Ressourcen effizienter umgehen möchten.

Empfohlen für Menschen, die

🐾 Aufgaben rasch erledigen wollen.

🐾 einen Mangel an Energie oder Begeisterung aufweisen.

🐾 sich emotional blockiert fühlen und einen Blitzstart brauchen.

🐾 durch ein schnelles Leben erschöpft sind.

🐾 nach einer Entscheidung rasch handeln wollen.

🐾 mit ihrer Zeit und ihren Ressourcen effizienter umgehen möchten.

🐾 schnellen Sport betreiben (laufen, schwimmen, Schi fahren etc.).

🐾 sich träge und langsam fühlen und keine Fortschritte machen.

Ein 40-jähriger selbständiger Mann, der einen Postversand leitete, war ständig überarbeitet und hatte permanent das Gefühl, der Arbeitsmenge nicht nachzukommen und nicht effektiv genug zu sein. Durch die Gepard-Essenz verstärkte sich seine Konzentration und er konnte seine Aufgaben leichter erfüllen. Er verspürte auch mehr Energie und Leichtigkeit in der Bewältigung seiner Projekte.

Eine 33-jährige Frau hatte das Gefühl, im Sumpf ihres Lebens festzustecken, und dass nichts sich bewege oder geschähe. Sie hatte wenig Energie, um vorwärts zu kommen. Durch die Gepard-Essenz fühlte sie sich allmählich energiereicher und aktiver, was es ihr ermöglichte, sich Ziele zu setzen und diese auch zu erreichen. Sie war über ihren Fortschritt begeistert.

Giraffe

Die Giraffe hilft uns, unser Leben von einer erweiterten, klaren und zentrierten Warte aus zu beobachten. Ermöglicht uns eine spirituelle Erweiterung und Vision bei gleichzeitiger guter Erdung. Ermutigt uns, uns um das Wohlergehen anderer zu kümmern und den Hals zum Vorteil anderer lang zu machen.

Empfohlen für Menschen, die

🐾 mehr Perspektive in ihr Leben bringen wollen.

🐾 nach spiritueller Erweiterung und Sichtweise suchen.

🐾 sich zu viele Sorgen um unwichtige Dinge machen.

🐾 sich verantwortlich um andere kümmern (Eltern, Betreuer, Supervisoren, etc.).

🐾 Klarheit über ihr Leben gewinnen möchten.

🐾 sich über ihre alltäglichen Sorgen erheben und einen klaren Blick auf ihre Umgebung werfen wollen.

🐾 wegen ihrer Größe Probleme mit ihrem Selbstwert haben.

Ein 10-jähriges Mädchen sah in einem Zoo eine Giraffe und wollte daraufhin die Giraffen-Essenz nehmen. Sie hatte genug davon, immer die Größte in ihrer Clique zu sein. Durch die Giraffen-Essenz fühlte sie sich in ihrem Körper wohler, wurde ruhiger und nahm ihre Umgebung besser wahr. Ihre Mutter bemerkte, dass ihre Stimme leiser und um eine Oktav tiefer wurde und dass sie mehr Bereitschaft hatte, ihre Ängste anzusehen und zu überwinden.

Ein 33-jähriger Mann erlebte viele Veränderungen in seinem Leben und wollte „in seiner Größe dazu stehen und die Übersicht bekommen". Die Giraffen-Essenz verhalf ihm dazu, seine Erfahrungen aus einer objektiven Warte heraus zu beobachten und klare, sichere Entscheidungen über seine nächsten Schritte zu treffen. Er ging wieder zur Schule, um seine abgebrochene Ausbildung zu beenden.

Löwe (Lion)

Der Löwe hilft uns, unsere tiefste persönliche Autorität und spirituelle Kraft einzufordern. Er nährt unsere Wahrnehmung von Wohlgefühl und Stärke und hilft uns, uns mit den Archetypen des König/der Königin zu verbinden. Er unterstützt uns, Mut zu entwickeln und uns mit unseren Ängsten zu konfrontieren. Fördert die Qualitäten von Führungskraft, Leistung und Erfolg.

Empfohlen für Menschen, die

🐾 ein Gefühl für ihre Autorität und Kraft bekommen wollen.

🐾 einen wohlwollenden Blick für andere entwickeln wollen.

🐾 ängstlich sind und ihre Angst ablegen wollen.

🐾 sich mit ihrer Angst verbünden und in gefährlichen Situationen angemessen reagieren wollen.

🐾 Führungspositionen innehaben oder anstreben.

Ein 34-jähriger Mann war Besitzer eines esoterischen Buch- und Geschenkladens. Er musste zahlreiche Telefonate führen, um Kurse zu bewerben, die in seinen Räumen stattfinden würden. Er fühlte sich unsicher und hatte kein Vertrauen, daher nahm er die Löwen-Essenz. Kurz darauf fühlte er sich stark und sicher und führte die Telefonate mit großer Souveränität. Sie führten zu guten neuen Verbindungen und waren sehr fruchtbar.

Eine 49-jährige Frau fühlte sich wegen der königlichen Qualität zur Löwen-Essenz hingezogen – sie wollte diese Qualität in ihr Leben bringen. Dadurch fühlte sie sich auf völlig neuartige Weise bestärkt, so als würde sie auf einem Thron sitzen und das Leben von einer gesunden, kraftvollen Warte aus betrachten. Sie bekam ein Gefühl innerer Erfüllung, was es ihr erlaubte, ihr Leben als reich und lohnenswert anzusehen.

Schimpanse (Chimpanzee)

Der Schimpanse hilft uns, uns mit der Einfachheit und Freude des Lebendigseins zu verbinden. Er nährt die Verbindung mit anderen und unterstützt diejenigen, die in Gesellschaft gehemmt oder befangen sind. Er erleichtert es, uns in unserer ganzen Menschlichkeit anzunehmen. Er nährt die Verspieltheit, Neugier und den Selbstausdruck und ermutigt das Gefühl, in einer harmonischen Gemeinschaft zu leben.

Empfohlen für Menschen, die

🐾 auf einem grundlegenden emotionalen und körperlichen Niveau den Kontakt zu sich selbst verloren haben.

🐾 das Leben zu ernst nehmen und zu sehr in ihrem Denken gefangen sind.

🐾 Schwierigkeiten haben, mit anderen Menschen auszukommen.

🐾 selbstkritisch sind und ihre eigenen menschlichen Schwächen nicht annehmen können.

🐾 mehr Verspieltheit und Neugier entwickeln möchten.

🐾 in Gesellschaft gehemmt oder befangen sind.

🐾 sich mit der Einfachheit des Lebens verbinden wollen.

🐾 sich in ihrem Menschsein nicht wohl fühlen.

Eine 21-jährige Frau war sehr spirituell orientiert, hatte aber kaum Kontakt mit ihren Gefühlen oder der materiellen Welt. Sie erwähnte immer wieder, dass sie das Menschsein nicht mag, wegen der schlimmen Dinge, die Menschen einander und der Natur antun. Durch die Schimpansen-Essenz begann sie sich stärker mit ihrem erdhaften Selbst zu verbinden und Zuneigung statt Verachtung für andere Menschen zu empfinden.

Ein 28-jähriger Mann, der sich in Therapie befand, hatte große Schwierigkeiten, sich zu akzeptieren und verurteilte sich ständig selbst. Er konnte seine Bedürfnisse nicht ernst nehmen und war nicht fähig, seine guten Seiten und Fähigkeiten wertzuschätzen. Durch die Schimpansen-Essenz gewann er Vertrauen, Selbstakzeptanz und konnte seine angeborenen Qualitäten achten.

Zebra

Das Zebra hilft uns, die Gegensätze in uns zu vereinen. Es unterstützt uns darin, unser Schwarz-Weiß-Denken hinter uns zu lassen und Projektionen zu vermeiden. Wir lernen, die Wahrheit hinter dem zu erkennen, was uns zuvor maskiert oder versteckt erschien. Erlaubt uns, auch in Gruppen unsere Individualität zu behalten. Nährt ein Gefühl für Gemeinschaft und Zusammenarbeit.

Empfohlen für Menschen, die

🐾 ihre Schattenseiten integrieren möchten.

🐾 das Schwarz-Weiß-Denken hinter sich lassen wollen, um eine ganzheitlichere Wahrheit zu finden.

🐾 Projektionen loslassen wollen und die Wahrheit hinter dem erkennen
wollen, was zuvor maskiert oder versteckt erschien.

🐾 die Verbundenheit von spiritueller und materieller Welt vertieft wahrnehmen wollen.

🐾 auch in Gruppen ihre Individualität behalten wollen.

🐾 Hingabe entwickeln wollen, ihr Ego loslassen und einen tieferen spirituellen Weg einschlagen möchten.

Ein 22-jähriger Mann sah alles nur schwarz-weiß und war sehr kritisch und urteilend. Das betraf alle Bereiche seines Lebens, auch seine Versuche, intime Beziehungen aufzubauen. Durch die Zebra-Essenz wurde er sanfter, sein Denken wurde weniger starr und er wurde toleranter gegenüber den Unzulänglichkeiten anderer. Er freundete sich sogar mit der Idee an, selbst nicht immer recht zu haben!

Ein 48-jähriger Mann nahm die Zebra-Essenz, um in seiner spirituellen Praxis die Wahrnehmung einer untrennbaren Ganzheit aus spiritueller und materieller Welt zu vertiefen. Dadurch war es ihm möglich, in seiner Meditation eine einzigartige Einheit zu erfahren. Er konnte eine tiefe spirituelle Präsenz spüren, auch wenn er sehr körperliche Aufgaben erfüllte.

Asiatische Essenz

Tiger

Klärt den Geist und hilft, die reine, rohe Aufmerksamkeit und Kraft des gegenwärtigen Augenblicks zu erleben. Unterstützt uns darin, stark und konzentriert zu werden. Nährt das Gefühl für spirituelle Kraft und Meisterschaft. Führt zu einem unerschütterlichen Geist und dazu, kraftvoll und klar von einer höheren Warte aus zu handeln. Inspiriert zu richtigen Handlungen, wenn gegensätzliche oder schwierige Entscheidungen zu treffen sind.

Empfohlen für Menschen, die

🐾 vollständig in die Kraft und göttliche Gegenwart des augenblicklichen Moments eintauchen wollen.

🐾 einen Mangel an Konzentration aufweisen.

🐾 körperlich oder gefühlsmäßig schwach sein.

🐾 ihre spirituelle Praxis durch Konzentration auf den gegenwärtigen Moment vertiefen wollen.

🐾 einen unerschütterlichen Geist fördern wollen.

🐾 ein Gefühl der persönliche Ermächtigung bekommen wollen.

🐾 ihre Meditationspraxis beginnen oder vertiefen wollen.

Ein 40-jähriger Mann arbeitete als Mediator und spiritueller Begleiter. Durch die Tiger-Essenz wollte er seine spirituelle Praxis vertiefen. Seine Fähigkeit, im gegenwärtigen Moment zu sein, wurde stark verbessert und er gewann bemerkenswert an Klarheit und Konzentration.

Eine 21-jährige Frau war für ihr Alter spirituell stark entwickelt. Sie sah das als Last, denn sie war oft alleine und fühlte sich anders als ihre Altergenossen, die sich vorwiegend um nicht-spirituelle Dinge Sorgen machten. Durch die Tiger-Essenz verschwand das Gefühl von Einsamkeit und sie konnte ihre Einzigartigkeit in einem neuen Licht sehen und schätzen.

Forschungsessenzen

Alligator
Ameise (Ant)
Beutelratte (Opossum)
Dachs (Badger)
Elch (Moose)
Faultier (Sloth)
Flamingo
Gorilla
Gottesanbeterin (Praying Mantis)
Gürteltier (Armadillo)
Habicht (Hawk)
Helmspecht (Pileated Woodpecker)
Kanadareiher (Great Blue Heron)
Kojote (Coyote)
Krake (Octopus)
Küstenseeschwalbe (Arctic Tern)
Mantarochen (Manta Ray)
Marienkäfer (Ladybug)
Moskito (Mosquito)
Möwe (Seagull)
Mufflonschaf (Bighorn sheep)
Orka (Orca)
Präriehund (Prairie Dog)
Qualle (Jellyfish)
Rabe (Raven)
Regenwurm (Earthworm)
Rotluchs (Bobcat)
Schneeleopard (Snow Leopard)
Spatz (Sparrow)
Stinktier (Skunk)
Stockente (Mallard)
Streifenhörnchen (Chipmunk)
Wanderfalke (Peregrine Falcon)
Weißes Nashorn (White Rhinoceros)
Weißschwanzgnu (Wildebeest)
Wilder Truthahn (Wild Turkey)

Alligator

Herausragende Geduld. Wahl der richtigen Zeit für die Handlung. Die Göttlichkeit im Warten. Weisheit des Sumpfes.

Ameise (Ant)

Unermüdliches Arbeiten. Extreme Produktivität. Zielgerichtetes Handeln. Verpflichtung. Tun. Erstaunliche Effizienz. Dienst an der Gemeinschaft.

Beutelratte (Opossum)

Schützt und verteidigt das Junge. Mütterliche Strenge. Elterliche Liebe und Schutz.

Dachs (Badger)

Mit Wut gut und sicher umgehen können. Gesunder Ausdruck von Wut. Leidenschaftliche Selbstverteidigung.

Elch (Moose)

Weisheit der geologischen Zeiten, Weisheit der Erde, Verstehen der persönlichen geschichte, Einfachheit.

Faultier (Sloth)

Innehalten. Langsame Bewegung. Ausruhen. Stillwerden des unruhigen Geistes. Handlung mit großer Vorsicht und Bedächtigkeit.

Flamingo

Verkörperte Verbindung von Himmel und Erde. Erdung höherer Energien. Spirituelle Erweiterung.

Gorilla

Vertrauensvolle Selbstkenntnis und Selbstausdruck. Herausragende Stärke. Anspruch auf persönliche Kraft. Fest zu sich stehen.

Gottesanbeterin (Praying Mantis)

Verbindung zu höheren spirituellen Ebenen. Bewegung hinter das Sichtbare. Hingabe an den Geist.

Gürteltier (Armadillo)

Hervorragender Schutz. Sichere und geschützte Bewegung. Gesunder Panzer. Unbezwingbarkeit.

Habicht (Hawk)

Hervorragende Sicht mit absoluter Klarheit. Genau Sehen und Wissen, wo sich jemand befindet. Perspektive. Perfektes Sehen der Augen.

Helmspecht (Pileated Woodpecker)

Göttliche Eingebung. Offenheit für den geist. Durchhalten in der Arbeit. Bewusstsein für das Göttliche an der Arbeit.

Kanadareiher (Great Blue Heron)

Friedliche Gelassenheit. Spirituelle Verbindung. Geerdete Kommunikation mit dem Göttlichen.

Kojote (Coyote)

Der Heilige Narr. Gestaltwandler. Kehrt das Unterste nach oben. Lacht darüber, das Leben zu ernst zu nehmen.

Krake (Octopus)

Wohlfühlen in der Tiefe. Schwimmen in den Inneren Tiefen. Frieden. Einsamkeit. Tarnung. Gebadet werden von der Wärme des Meeres.

Küstenseeschwalbe (Arctic Tern)

Mühelose Durchführung erstaunlicher Aufgaben. Mit Leichtigkeit große Dinge vollbringen. Reisen über weite Entfernungen. Marathonflüge.

Mantarochen (Manta Ray)

Anmutige Bewegung. Besonders effizientes Handeln. In der Vorwärtsbewegung den Frieden der Gegenwart erleben.

Marienkäfer (Ladybug)

Anrufung und Verkörperung spiritueller Einsicht. Spirituelle Verwurzelung. Höhere Energien anziehen und erden.

Moskito (Mosquito)

Urton. Göttliches Summen. Verbindung mit dem Göttlichen durch den Klang. Klang als Weg zu Gott.

Möwe (Seagull)

Freude des Strandes. Wohlfühlen am rande des Meeres. Das Leben als Brise erfahren. Freude am Lebendigsein.

Mufflonschaf (Bighornsheep)

Beanspruchen und Ausdruck von innerer Kraft und Autorität. Ermächtigung. Königlichkeit. Bergwissen.

Orka (Orca)

Brücke zu anderen Welten sein. Verkörperung des bewusstseins des Universums. Weisheit des Kosmos.

Präriehund (Prairie Dog)

Verbindung und vernetztes Arbeiten mit anderen. Geselligkeit. Gemeinschaftsleben.

Qualle (Jellyfish)

Einssein mit dem Ozean. Besondere Hingabe. Loslassen. Mit der Flut kommen und gehen.

Rabe (Raven)

Schamanische Stille. Leuchtendes Bewusstsein. Das Geheimnis sein. Heiliger Führer in die schamanischen Welten.

Regenwurm (Earthworm)

Perfekte Verbindung des Weiblichen und Männlichen. Von der Erde genährt und veruwrzelt werden. Reise durch die Dunkelheit.

Rotluchs (Bobcat)

Konzentration und klarer Geist. Spirituelle Klarheit. Aufmerksamkeit für den gegenwärtigen Augenblick. Weisheit des stillen Geistes.

Schneeleopard (Snow Leopard)

Weisheit des Himalaya. Spirituelle Zentriertheit und Verbundenheit. Tibetisches Bewusstsein. Östlicher Mystizismus.

Spatz (Sparrow)

Süß und sanft. Friedliche Freude. Freiheit von Sorgen. Wissen, dass alles gut wird.

Stinktier (Skunk)

Überlegene Selbstverteidigung. Grenzen setzen. Bedrohungen beenden. Ermächtigung zum Selbstschutz.

Stockente (Mallard)

Inspiriertes Fliegen und Handeln. Mit dem Geist eines Kindes handeln. Einfache kindliche Freude. Mit großer Fröhlichkeit handeln.

Streifenhörnchen (Chipmunk)

Verspielte Spontaneität. Kindliche Ausgelassenheit. Kinderspiel. Das Leben als fröhliches Spiel erleben.

Wanderfalke (Peregrine Falcon)

Geschwindigkeit. Erstaunliche Flinkheit. Schnelle geerdete Handlung. Ausgezeichnete Kontrolle. Perfekte Bewegung.

Weißes Nashorn (White Rhinoceros)

Langsame Bewegung. Steter Fortschritt. Geerdete Stärke. Spirituelles Bewusstsein, dass das Göttliche Form annimmt.

Weißschwanzgnu (Wildebeest)

Sich als teil der Herde wohlfühlen. Auf der Lebensreise zuhause sein. Gruppenidentität.

Wilder Truthahn (Wild Turkey)

Dankbarkeit. Überfluss. Fülle und Reichtum. Das Leben als göttlichen Segen sehen.

Mischungen:

Empower (Ermächtigung)

Gibt kraftvolle Unterstützung für die Beanspruchung der eigenen Autorität und inneren Kraft.

Besteht aus den Tieressenzen
- Mufflonschaf: Für die Beanspruchung der inneren Kraft.
- Löwe: Für tiefe spirituelle Ermächtigung.
- Pfau: Nährt innere Ganzheit und Vollständigkeit.

Joyful Work (Spaß bei der Arbeit)

Kraftvolle Unterstützung um Glück und Erfüllung in der täglichen Arbeit zu erfahren.

Besteht aus den Tieressenzen

- Fischotter: Fördert Verspieltheit und Wonne.
- Biber: Für Produktivität und Kreativität.
- Eichhörnchen: Um Arbeit und Spiel zu vereinen.

Playtime (Spiel & Spaß)

Die kraftvolle Unterstützung für einen fröhlichen Zugang zum Geist des Spiels voller Glück und Freude.

Besteht aus den Tieressenzen
- Fischotter: Nährt Verspieltheit und Fröhlichkeit.
- Delphin: Loslassen und Spielen mit großer Freude.
- Schimpanse: Kindliche Einfachheit und Spiel.

Protection (Schutz)

Unterstützt kraftvoll wenn es darum geht, mit emotional anstrengenden Situationen, Umgebungen oder Menschen umzugehen.

Besteht aus den Tieressenzen

- Schildkröte: Für emotionalen und psychischen Schutz.
- Gürteltier: Für eine gesunde Panzerung und persönlichen Schutz.
- Stinktier: Für Unterstützung im aktiven Selbstschutz.

Rest & Relax (Entspannung)

Die kraftvolle Unterstützung Langsamkeit, Entspannung und Ruhe für Körper und Geist.

Besteht aus den Tieressenzen

- Faultier: Verlangsamung von Körper und Geist.
- Libelle: Nährt durch Gefühle von Leichtigkeit und Weite.
- Spatz: Für Beruhigung und Befreiung von Sorgen.

Saved by the Animals! (Notfallmischung)

Kraftvolle Unterstützung bei physischen, emotionalen und spirituellen Krisen.

Besteht aus den Tieressenzen

- Taube: Fördert Frieden und Ruhe.
- Schildkröte: Für emotionalen und psychischen Schutz.
- Büffel: Hilft dabei, sich zu erden.
- Adler: Fördert die Verbindung mit dem Göttlichen.
- Elefant: Für Erdung und spirituelle Offenheit.

Supreme Confidence (Höchstes Vertrauen)

Die kraftvolle Unterstützung für Handlungen voller Vertrauen, Stärke und Kraft.

Besteht aus den Tieressenzen

- Puma: Nährt das Selbstbewusstsein.
- Hummel: Nährt grundlegendes Vertrauen.
- Gepard: Handeln mit großem Vertrauen.

Eine Auswahl von Erfahrungsberichten mit den Tieressenzen

Die folgenden Berichte stellen eine Ergänzung zu den Fallbeispielen dar. Sie vermitteln einen Vorgeschmack auf das breite Anwendungsspektrum der Essenzen und auf die verschiedenen Erfahrungen, die Menschen damit machen können.

„Ich liebe die Essenzen! Seit ich sie nehme, kann ich mich nicht nur besser an meine Träume erinnern, sondern sie sind auch wesentlich lebendiger. Ich bemerke auch eine sanfte Veränderung in mir, besonders in meinen Emotionen. Ich setze neue Prioritäten in mir und in meinem Leben."

P.B., Danville, CA, USA.

„Wenn ich die Essenzen einnehme, kann ich buchstäblich den Energiekörper des jeweiligen Tieres spüren. Jedes ist deutlich anders... Menschen, die weniger sensibel sind, werden eine Veränderung in ihrer Energie oder Stimmung wahrnehmen. Die Essenzen eignen sich gut für schamanische Reisen, um Trommeln oder Musik zu begleiten."

Aus einem Artikel des Magazins: To Your Health, USA.

*„Unser Energieniveau hat sich deutlich angehoben, seit wir die Wild Earth Tieressenzen verwenden und ist überdurchschnittlich hoch geblieben. Die Essenzen eröffnen eine neue Möglichkeit, die verlorene Verbindung zur Natur und ihren Heilungsprozessen wieder herzustellen. Ein Beispiel: Vor einer schwierigen Versammlung nahmen wir die **Wolf-Essenz** und als wir uns auf die Eigenschaften dieses Tieres konzentrierten, war es für uns leichter, eine Verwandtschaft und ein Gemeinschaftsgefühl mit den Menschen wahrzunehmen, die wir trafen."*

R.M., Vantaa, Finnland.

*„Die **Adler-Essenz** ist so wunderbar! Sie hat mir mehr Kraft und eine tiefere Verbindung mit dem Höheren Bewusstsein gebracht. Und jetzt kann ich mich an meine Träume erinnern! (Das war früher zu schwierig für mich). Außerdem hat mir die Adler-Essenz mehr Selbstachtung gebracht.“*

R.V., Brasilien.

„Danke für all die wundervollen Tiere! Ich habe jahrelang Bachblüten verwendet und liebe, was sie für mich und meine Familie getan haben. Die Tieressenzen sind gleich wirksam.“

W.B., Lynchburg, VA.

*„Ich bin wirklich erstaunt über **Puma** und über das, was durch **Wolf** passierte. Es kommt mir wirklich schamanisch vor. Es erleichtert total, in die Energie des entsprechenden Tieres einzutauchen. Es ist außergewöhnlich!“*

J.N., New York, USA.

*„Gestern nahm ich die **Puma-Essenz** und badete auch darin und letzte Nacht erschien mir diese riesige Katze tatsächlich im Traum! Erstaunlich! Danke für all deine wunderbare Arbeit!“*

S.O., Arcata, CA, USA.

*„Ich fühlte mich zu **Kolibri** hingezogen, weil die Beschreibung sagt, dass er zu Leichtigkeit, Freude und zum Feiern ermutigt. Ich hab herausgefunden, dass er Konflikte an die Oberfläche bringt, die ich mir ansehen muss, um mich leichter zu fühlen und mehr Freude zu empfinden. Ich bemerke, dass die Kolibri-Essenz (und auch die anderen Essenzen, wie ich mir vorstellen kann) je nachdem, wer sie einnimmt, auf unterschiedliche Weise wirkt.“*

B.P., Loveland, CO, USA.

„Ich wollte dir nur sagen, dass wir von den Essenzen total begeistert sind. Sie verkaufen sich jeden Tag besser, weil wir sie selbst verwenden und lieben. Wir erleben hier wirklich größere Veränderungen. Paul und ich haben einige Wochen lang **Schlange** *genommen und es ist wirklich unglaublich!"*

R. & P., Medway, MA, USA.

„Bitte nimm meine Spende an – aus Liebe und Dankbarkeit für die spirituelle Unterstützung, die ich durch deine Essenzen bekomme. Gott segne dich und deine Arbeit!"

C.S., CA, USA.

„Die Schutzwirkung von **Schildkröte** *ist unglaublich! Diese Essenzen sind einfach erstaunlich. Wir sind so dankbar!"*

V.S., Chicago, IL, USA.

„Danke für die Essenzen. Sie wirken gut – sowohl bei mir als auch bei meinen Tieren."

B.F., New Mexico, USA.

„Mein zweijähriger Sohn liebt deine Tieressenzen. Ich wünschte, du könntest sehen, wie er sie aussucht – mit einer dicken Umarmung und einen Kuss für die Delphin-Flasche!"

N.C., Charlottesville, VA, USA.

„Diese Essenzen werden jetzt gebraucht. Es ist Zeit, dass die Tiere sprechen und dass wir zuhören. Was für ein wundervolles Geschenk machst du uns!"

Shay Casati, Tuscon, AZ, USA.

„Vor einem Jahr schickte mir ein Freund aus Kalifornien die **Schmetterlings-Essenz.** *Ich liebe sie! Ich habe bei vielen meiner Klienten verwendet und zeitweise war es, als ob ich Raupen umherkrabbeln oder Schmetterling fliegen sähe. Unglaublich!"*

T.T., San Francisco, CA, USA.

„Hier ist meine Selbsterfahrung:

Schwan: *Verbessert den Selbstwert, hilft einerseits die eigenen Interessen besser zu schützen und andrerseits denjenigen, die selbstsüchtig sind, die Bedürfnisse anderer Menschen besser wahrzunehmen.*

Spinne: *Lehrt dich, wie du andere Menschen besser in dein Leben einbeziehen kannst, so dass alle Interessen und Parteien zufrieden sind. Verbessert vernetztes Arbeiten im Berufsleben.*

Wildpferd: *Diese Essenz gibt dir ein Gefühl von Stolz, du hebst deinen Kopf, bäumst dich auf und fühlst dich am Gipfel der Welt wie ein wilder Hengst mit seiner windzerzausten Mähne. Verbessert auch Stärke und Unabhängigkeit und die Liebe zu deinem Körper und deinem Aussehen. Ich hatte eine Klientin, die nur diese Essenz nahm getrennt von den anderen Mischungen, die ich verwende. Sie stand auf, schüttelte den Staub ab und machte sich auf, um einen besseren Job und ein besseres Gehalt zu finden. Sie stellte fest, dass sie viel mehr wert war als das, was sie vom Leben bisher bekommen hatte, obwohl sie bisher recht zufrieden gewesen war. Sie erkannte, dass sie sich mit weniger zufrieden gegeben hatte, als dem was sie wirklich wollte.“*

M.C.S., Brasilien.

Auszüge aus einem Brief von Rev. Douglas Buchanan, Heiler aus Sophia, Park Forest, Illinois:

„Das Heilungsministerium von Sophia ist eine Gesellschaft von Heilern und Körpertherapeuten, Schamaninnen und Schamanen, Astrologen, Chiropraktikern, Pfeifenträgern der 3 Stämme, Runen- und Reikimeistern und -praktikern, Anhängern diverser spirituellen Gruppen, Vicam Priesterinnen und Priestern sowie Magiern verschiedener Richtungen mit einem Schwerpunkt auf keltischem Wissen.

Viele von ihnen haben die Arbeit mit Tieressenzen erwähnt, hier einige Beispiele:

Wir hörten glühende Berichte über die Verwendung von **Wolf** bei Trommelkreisen. Alle haben über eine erstaunliche Verbesserung in der Kommunikation unter den Trommlern und über eine deutlich wahrnehmbare Hebung der Energie in der Gruppe berichtet. Auch zwei Runenmeister nahmen für ihre Inneren Reiche Wolf und erzielten dadurch Ergebnisse, die Wolf zu einem fixen Bestandteil werden ließ. Die Inneren Runenreiche sind mit schamanischen Reisen vergleichbar und unsere Potawatomi Schamanin fand in Wolf eine wunderbare Hilfe. Unser Heiler, Silent Wolf, bekam die Wolf-Essenz von einer Schwarzfußschamanin und beobachtete daraufhin, wie sein Wolfführer für seine Seelenfreunde sichtbar wurde. Er war so spürbar, dass Silent Wolf und ein anderer Heiler aus der Gruppedem Drang nachgaben, mit dem Wolf hinaus ins Freie zu gehen. Sie führten ihn durch den Park. Ihre Erfahrungen waren hochinteressant!

Die **Eulen-Essenz** wurde in schamanischen Reisen, Meditationen und Haarmagieritualen verwendet. In Ritualen, die einige der Magier/Heiler verwenden, um Probleme aus früheren Leben zu beseitigen, wurde beobachtet, dass die Klienten einen leichteren Zugang zu ihren Problemen hatten, wenn ihnen Eule half, Einsicht in das Dunkel des Unterbewussten zu bekommen. Eule ist günstig für Gruppenmeditationen und um Träume zu deuten.

Einige unserer Körpertherapeuten beobachteten, dass ihnen **Büffel** in der Arbeit mit Klienten mit vielschichtigen Problemen hilft, geerdet zu bleiben. Viele Mitglieder verwenden Büffel, wenn sie abgelenkt werden und es erdet und verbindet sie sofort mit dem gegenwärtigen Augenblick.

Wir verwenden alle **Kolibri** nach emotionalen Herausforderungen und zur Vorbereitung von Ritualen, in denen schwere Energie vermieden werden sollte.

Die ernstzunehmendste Essenz ist **Schlange.** Jeder, der sie zur Unterstützung eines Transformationsprozesses verwendete, berichtete, dass sie sofort und sehr stark wirkt. Unser >100kg Ex-Marine-Schamane lehnte schwach an meiner Schulter und murmelte in seinem basso profondo: „Douglas, diese Schlangen-Essenz tritt dich in den Arsch!" Ein anderes

Mitglied, ein professioneller Masseur, überprüfte sein Aura- und Chakrengleichgewicht und nahm eine hohe Dosis der Schlangen-Essenz. Er musste den ganzen Samstag im Bett bleiben und löste über das Wochenende einige Monate seines Karmas auf. Sehr intensiv. Meine Empfehlung für Menschen, die nicht gewöhnt sind, mit so starken Energien umzugehen ist, ist, ein paar Tropfen in die Badewanne zu geben und nicht eine halbe Pipette unter die Zunge. Das kann man mit allen Essenzen machen und es ist sehr praktisch bei denen, die man üblicherweise verwendet.

Der sanftere Transformierer ist **Schmetterling** und diejenigen, die ihn in Ritualen verwendet haben, fanden, dass ihre Träume lebendig und leicht verständlich waren und zu mühelosen Einsichten und Fortschritten führten. Einige der Magier und Schamanen wurden gebeten, alte Gebäude von schlechten Dingen aus der Vergangenheit zu reinigen. Vor allem die Schamanen, die Schwingungen eher wahrnehmen können als Magier, empfehlen Schildkröte, um auch in schwierigen energetischen Situationen geerdet zu bleiben. Die Magier, die Dinge unbesehen reinigen, empfehlen vor Bannritualen ebenfalls Schildkröte, um die energetische Gefahr für den Magier zu senken. Einige unserer Mitglieder sind Weissager und verwenden Tarot, Runen, Astrologie oder das I Ging. Sie alle empfehlen die Spinnen-Essenz, um die Fähigkeit zu erhöhen, Daten zu vernetzen und Verbindungen auch zwischen scheinbar unzusammenhängenden Informationen herzustellen.

Das sind nur einige der speziellen Wirkungen, die unsere Mitglieder erfahren haben. Ich hoffe, dass es dir und deinen verschiedenen Gruppen dabei hilft, Essenzen auszuwählen, die sie auf ihrem Weg unterstützen. Für diejenigen, die bereits ein Totem oder Krafttier haben, ist die Wahl keine Frage. Silent Wolf wird dir das bestätigen, ebenso unsere Leute aus dem Bärenstamm!"

„Zwei unserer Leute musizieren in Kaffeehäusern und sind seit Jahren unterwegs. Vor einigen Wochen hatten sie einen späten Auftritt und benötigten einen Energiestoß. Sie verwendeten beide eine große Dosis **Kolibri**. Eine Bekannte sah *sie ihren Auftritt und meinte, sie hätte sie noch nie so leicht erlebt. Sie hat jahrelang jede Show besucht und erkennt jede Nummer am Eröffnungsakkord auf der Gitarre. Ihre Beobachtung ist ein deutlicher Hinweis auf die Kraft der Essenz.*

Eines unserer Mitglieder ist eine Sicherheitsspezialistin und hatte eine schlimme Zeit mit jeder Menge Krisen. Sie nahm **Schildkröte, Bär und Eule.** *Dadurch erkannte sie rechtzeitig alles, was auf sie zukam, blieb geerdet und handelte aus ihrer Stärke heraus. Seither verwenden auch andere diese Kombination in stressigen Situationen.*

Ein anderes Mitglied besitzt zwei Katzen, die einander verfolgen und die Welt auf den Kopf stellen. Jede bekam ein paar tropfen **Reh** *und sofort war die Feindschaft beendet. Das war vor ein paar Wochen und blieb seither auch so.*

Ein Mitglied hat einen Beruf, bei dem es um vielschichtige Zulassungen, voneinander abhängige Abgabetermine etc. geht. Durch die **Hasen-Essenz** *wurde er so produktiv, dass er seinen neidigen Kollegen immer voraus war und sich als Star fühlte.*

Wir haben zwei Trommelkreise, die mit wunderbaren Ergebnissen **Wolf** *verwenden.*

Bei unseren Reikibehandlungen im Ministerium geben wir den Klienten oft eine Tieressenz, wenn wir das Gefühl haben, dass ein Problem nicht von dem aktuell schmerzenden Organ herrührt. Dafür verwenden wir **Eule oder Krähe.** *Oft tauchen dann Erinnerungen an längst vergessene Ereignisse auf, die mit dem aktuellen Problem zusammenhängen. Mit der Erinnerung verschwinden die Probleme meist. Ein einziges Mal musste der selbe Zeitraum noch einmal besucht werden, um eine weitere Schicht der seelischen Zwiebel abzulösen."*

Rev. Douglas Buchanan, Park Forest, Illinois, USA.

Zwei Beiträge darüber, wie die Essenzen bei Menschen und Tieren wirken von Shay Casati, Tierkommunikatorin und Pferdemassagetherapeutin in Tuscon, Arizona:

„Ein befreundeter Tierarzt bat mich, nach einem 10 oder 11 Jahre alten Pferd zu sehen. Es war sein ganzes Leben lang schlechtgelaunt. Als ich es besuchte, sah ich, wie schlechtgelaunt es war: Es wollte nicht berührt werden und keine Menschen um sich. Es hatte überhaupt keine Freude und jede Menge Wut. Ich wusste sofort, dass ich ihm Tieressenzen geben würde. Ich füllte eine Spraydose und fügte ein paar Tropfen **Kolibri, Schmetterling, Delphin und Wolf** *hinzu. Das sprühte ich ihm ins Maul und innerhalb von 3 Minuten entspannte es sich – ich mache keinen Scherz! Ich sah, wie sich seine Augen veränderten. Es wechselte von sauer zu: „O mein Gott, ich KANN sanft sein!" Das war erstaunlich!*

Ich gab ein paar Tropfen in seinen Wassereimer, der für 2-3 Tage reicht, dadurch nahm es die Essenzen in dieser Zeit weiter. Es war nie wieder schlechtgelaunt! Es ist ein verändertes, glückliches Pferd. Der Tierarzt meinte, dass die Veränderung der Persönlichkeit phänomenal sei!"

„Ich habe eine Freundin namens Liz, die Physiotherapeutin ist und lernt, mit Tieren zu arbeiten. Sie hält auf meinem Grund ein Pferd. Eines Tages hatte ich eine starke Intuition, die Essenzen mit zum Stall zu nehmen. Ich wusste nicht, warum, aber als ich zum Stall kam, sah ich dort Liz stehen und musste lachen, weil es mir klar geworden war. Ich erzählte ihr von den Essenzen und sie zog die Flasche mit **Delphin** *und nahm ein paar Tropfen. Ihr Pferd ist sehr ängstlich. Es mag Menschen, ist aber sehr nervös und schwierig. Liz gab ein paar Tropfen auf ein Zuckerstück und gab es dem Pferd. Er wurde sofort ruhig. Wir brachten es hinaus auf die Weide. Es war nicht angeleint. Ich sah, wie sich die Energie zwischen Liz und ihrem Pferd veränderte: Das Pferd wechselte von ängstlich-*

nervös zu sehr sanft und war stark in seinem Körper. Ich sah,
wie Intelligenz und Aufmerksamkeit in seine Augen traten.
Und ich konnte die Verbindung von Liz and ihrem Tier sehen.
Sie fragte mich später: „Weißt du, was ich gespürt habe? Ich
spürte eine Ebene der Kommunikation zwischen uns, die ich
nie zuvor wahrgenommen hatte. So als ob sich etwas verän-
dert hätte, das ich vorher nicht gekannt habe." Sie kannte die
Beschreibung der Essenz nicht und ich zeigte ihr später die
Stelle, wo steht, dass Delphin die Kommunikation zwischen
Menschen und Tieren verstärkt. Sie begann zu weinen, als sie
es las. Es war einfach wunderschön.

Die Delphin-Essenz hat zwischen den beiden eine Tür geöffnet
und erlaubte ihnen eine Verbindung der tiefsten Art."

Shay Casati, Tuscon, AZ, USA.

Liste der Eigenschaften
und dafür empfohlenen Essenzen:

(ohne Forschungsessenzen)

Adoption	Rotkehlchen, Taube
Akzeptanz, Selbst-	Rotkehlchen, Schimpanse, Schwan, Seehund
Alleinerzieher	Wolf
Angst, Ängstlichkeit	Büffel, Schildkröte, Elefant
Angst, ansehen	Löwe, Puma
Anmut	Schwan, Seehund, Schmetterling
Arbeit und Spiel verbinden	Eichhörnchen, Fischotter
Arbeit, Energie zur	Puma
Arbeitssucht	Eichhörnchen, Fischotter, Biber
Augenblick, gegenwärtiger	Tiger, Schildkröte, Taube, Büffel, Salamander
Augenprobleme	Adler, Eule
Ausdauer	Lachs, Puma
Auszeit	Adler, Bär, Schlange
Autorität	Pfau, Löwe
Bewusstsein, höheres	Adler, Delphin, Wal
Dankbarkeit	Büffel
Dazugehören	Rotkehlchen, Wildpferd, Wolf, Schimpanse
Depression	Delphin, Fischotter, Wildpferd, Adler
Depression durch blockierte Kreativität	Hase
Dienen	Rotkehlchen, Giraffe
Dunkelheit, Mut anzusehen	Puma, Löwe
Dunkelheit, Sehen in der	Eule
Durchhaltevermögen	Lachs, Puma
Effizienz	Gepard
Ehrfurcht	Frosch
Einfachheit	Reh, Schimpanse, Taube
Einsamkeit	Wildpferd, Wolf, Rotkehlchen, Delphin

Elternschaft	Rotkehlchen, Elefant
Emotionale Konflikte, ungelöste ansehen	Flusspferd
Energie für taten	Puma, Gepard
Energiearbeit	Büffel, Adler
Entspannung	Libelle
Entwickeln von Ideen, Träumen, Plänen	Bär, Delphin
Entwicklung, seelische	Krähe, Adler
Erholung	Bär
Ernst, zuviel	Fischotter
Erweiterung, spirituelle	Adler, Elefant, Wal
Familie	Rotkehlchen, Taube, Wolf, Elefant
Feststecken	Gepard, Hase, Biber, Puma
Freude	Schimpanse, Delphin, Fischotter, Kolibri, Eichhörnchen, Rotkehlchen
Friede	Taube, Reh
Fruchtbarkeit	Hase
Führungskraft	Löwe, Kanadagans
Ganzheit	Pfau, Spinne
Geburt	Schmetterling, Taube, Reh, Delphin, Tiger
Gefühle, anfreunden mit	Flusspferd
Geist, Beruhigung des	Wal, Taube, Tiger
Geist, Verbindung des mit dem Unbewussten	Bär, Delphin
geistige Klarheit	Reh, Eule, Gazelle, Gepard
Geld, Erlangen von	Hase
Geld, sparen von	Eichhörnchen
Gemeinschaft	Wolf, Schimpanse, Zebra, Wildpferd
Geselligkeit	Wolf, Schimpanse, Elefant
Gleichgewicht, von Stärke und Sanftmut	Puma
Gleichgewicht, von Verletzlichkeit und Sicherheit	Gazelle
Gleichgewicht, von Verletzlichkeit und Stärke	Schmetterling

Grenzen, als Schutz	Schildkröte
Grenzen, gesunde Grenzen setzen	Wolf, Puma
Handeln nach der Planung	Puma, Biber, Eichhörnchen
Handeln, zielgerichtetes	Schildkröte, Eule
Heirat	Schmetterling, Wolf, Schwan, Wildpferd, Taube
Herausforderungen, neue	Biber, Puma, Hase
Herz	Reh, Wildpferd, Schimpanse
Herz, offenes	Wildpferd
Herz, verlorenes	Wildpferd
Hingabe	Schmetterling, Reh, Lachs, Seehund, Taube
Illusionen, loslassen von persönlichen	Libelle
Illusionen, vom Lebenstraum	Krähe
Individualität	Schimpanse
Individualität in Gruppen beibehalten	Zebra, Wolf
Initiation	Schlange
Inneres Kind, Freude des	Fischotter, Delphin, Schimpanse
Inspiration	Adler
Integration	Spinne, Zebra
Integration von Arbeit und Spiel	Eichhörnchen, Fischotter
Integrität	Wolf, Schimpanse, Löwe
Intuition	Krähe, Adler, Eule, Spinne, Delphin
Klarheit	Tiger
Klarheit im Geist	Eule, Tiger
Klugheit, Raffinesse	Fuchs
Kommunikation	Delphin, Eule, Elefant
Körperbild, positives	Seehund, Schwan, Pfau
Kraft	Tiger, Löwe, Adler, Wildpferd, Puma
Kreativität	Hase, Adler, Biber
Lachen	Fischotter, Delphin
Langsam werden	Schildkröte, Büffel
Lebensfreude	Delphin, Fischotter

Lebenssinn	Biber, Puma, Lachs, Kanadagans
Leichtigkeit	Schmetterling, Kolibri, Seehund
Liebe, bedingungslose	Delphin, Taube
Liebe, erotische	Schwan
Loslassen	Schmetterling, Taube
Manifestation	Puma, Hase
Meditation	Adler, Büffel, Taube, Tiger
Missbrauch, Heilung von	Rotkehlchen, Delphin, Wildpferd, Pfau
Missbrauch, sexueller	Rotkehlchen, Schwan
Motivation	Puma, Gepard
Mühelosigkeit	Seehund
Mut	Puma, Löwe
Nähren, sich selbst	Rotkehlchen
Neuanfang	Rotkehlchen
Neugier	Schimpanse
Offenheit	Wildpferd
Ohrprobleme	Hase, Reh
Planen	Bär, Biber, Fuchs, Adler
Problem, Lösung von	Biber, Fuchs
Pubertät	Schmetterling, Schlange, Fuchs, Zebra, Wolf
Raum, Reinigung des	Kolibri
Reinigung	Kolibri
Reise heim zum Göttlichen	Lachs
Reisen	Kanadagans, Büffel, Schildkröte, Taube
Ressourcen sammeln	Eichhörnchen
Rollen, verschiedene einnehmen	Waschbär
Rückzug für sich	Adler, Bär, Schlange
Sanftheit	Reh, Taube
Scham	Pfau, Schwan, Schimpanse
schamanische Kraft	Schlange, Salamander, Krähe
Scheidung	Schmetterling
Schlaf	Libelle, Wal
Schock	Büffel, Schildkröte, Saved by the Animals!

Schuld	Schwan, Schimpanse
Schutz	Schildkröte
Schwangerschaft	Rotkehlchen, Bär, Delphin
Schwarz-Weiß-Denken loslassen	Zebra
Seele, verlorene	Lachs, Kanadagans
Selbst, Freude an den Facetten des	Waschbär, Delphin
Selbstausdruck	Schimpanse
Selbstwert	Seehund, Schwan, Wildpferd, Pfau, Löwe, Fuchs
Sorgen	Büffel, Schildkröte, Adler
Stärke	Puma, Wildpferd, Löwe, Tiger
Start, Blitz-	Gepard
Stress	Büffel, Schildkröte, Elefant, Fischotter, Reh
Sucht	Adler
Tat	Puma
Therapie	Spinne, Rotkehlchen, Wildpferd, Flusspferd, Schmetterling
Tod und Sterben	Schlange, Taube, Schmetterling
Transformation	Schmetterling, Schlange, Salamander, Frosch
Trauer	Wildpferd, Flusspferd
Trauma	Tier-Notfall-Mischung
Träume	Bär, Delphin
Trommelkreis	Wolf
Überfluss	Büffel, Hase, Pfau
Übergänge	Schmetterling
Übergangsrituale	Schmetterling, Schlange, Frosch
Unsicherheit	Gazelle
Veränderungen	Schmetterling, Schlange, Salamander, Frosch
Verbindlichkeit	Wolf, Puma
Verbindung, mit anderen	Wolf, Wildpferd, Schimpanse
Verbindung, mit der Erde	Schildkröte, Büffel, Elefant, Bär, Wolf
Verlassensein	Rotkehlchen
Verletzlichkeit	Gazelle
Versammlungen	Wolf

Verspieltheit	Fischotter, Delphin, Schimpanse
Vertrauen	Puma, Löwe, Reh, Schmetterling, Seehund, Lachs, Frosch
Verwirrung	Eule
Verwurzelung	Büffel, Schildkröte, Bär, Elefant, Salamander, Flusspferd, Giraffe
Verzweiflung	Wildpferd
Wahrhaftigkeit	Pfau, Schimpanse
Wahrheit enttarnen	Waschbär, Zebra
Wahrheit sagen	Eule, Puma
Wahrnehmung des Augenblicks	Tiger
Wahrnehmung dessen, was in und um uns vorgeht	Reh, Gazelle
Wechseljahre	Schmetterling, Schlange, Salamander, Frosch, Büffel, Bär
Weg, Finden des spirituellen	Kanadagans, Lachs
Weiblichkeit	Schwan
Weisheit	Eule, Tiger
Wunder	Frosch
Wut	Taube
Zerrissenheit	Spinne
Zielgerichtetheit	Gepard
Zögern	Gepard

Übersetzung der englischen Tiernamen ins Deutsche

Ant	Ameise
Arctic Tern	Küstenseeschwalbe
Armadillo	Gürteltier
Badger	Dachs
Bear	Bär
Beaver	Biber
Bighorn Sheep	Mufflonschaf
Bobcat	Rotluchs
Buffalo	Büffel
Butterfly	Schmetterling
Canadian Goose	Kanadagans
Cheetah	Gepard
Chimpanzee	Schimpanse
Chipmunk	Streifenhörnchen
Coyote	Kojote
Crow	Krähe
Deer	Reh
Dolphin	Delphin
Dove	Taube
Dragonfly	Libelle
Eagle	Adler
Earthworm	Regenwurm
Elefant	Elephant
Fox	Fuchs
Frog	Frosch
Gazelle	Gazelle
Giraffe	Giraffe
Great Blue Heron	Kanadareiher
Hawk	Habicht
Hippopotamus	Flusspferd
Hummingbird	Kolibri
Jellyfish	Qualle
Ladybug	Marienkäfer
Lion	Löwe
Mallard	Stockente

Manta Ray	Mantarochen
Moose	Elch
Mosquito	Moskito
Mountain Lion	Puma
Octopus	Oktopus
Opossum	Beutelratte
Orca	Orka
Otter	Fischotter
Owl	Eule
Peacock	Pfau
Peregrine Falcon	Wanderfalke
Pileated Woodpecker	Helmspecht
Prairie Dog	Präriehund
Praying Mantis	Gottesanbeterin
Rabbit	Hase
Raccoon	Waschbär
Raven	Rabe
Robin	Rotkehlchen
Salamander	Salamander
Salmon	Lachs
Seagull	Möwe
Seal	Seehund
Skunk	Stinktier
Sloth	Faultier
Snake	Schlange
Snow Leopard	Schneeleopard
Sparrow	Spatz
Spider	Spinne
Squirrel	Eichhörnchen
Swan	Schwan
Tiger	Tiger
Turtle	Schildkröte
Whale	Wal
White Rhinoceros	Weißes Nashorn
Wild Horse	Wildpferd
Wild Turkey	Wilder Truthahn
Wildebeest	Weißschwanzgnu
Wolf	Wolf
Zebra	Zebra